中华精神家园

民风根源

婚事礼俗

嫁娶礼俗与结婚喜庆

肖东发 主编　刘 力 编著

中国出版集团

现代出版社

图书在版编目（CIP）数据

婚事礼俗 / 刘力编著. — 北京：现代出版社，
2014.9（2019.1重印）
ISBN 978-7-5143-2525-6

Ⅰ. ①婚… Ⅱ. ①刘… Ⅲ. ①婚姻－风俗习惯－介绍
－中国 Ⅳ. ①K892.22

中国版本图书馆CIP数据核字(2014)第217271号

婚事礼俗：嫁娶礼俗与结婚喜庆

主　　编：肖东发
作　　者：刘　力
责任编辑：王敬一
出版发行：现代出版社
通信地址：北京市定安门外安华里504号
邮政编码：100011
电　　话：010-64267325 64245264（传真）
网　　址：www.1980xd.com
电子邮箱：xiandai@cnpitc.com.cn
印　　刷：三河市华晨印务有限公司
开　　本：710mm×1000mm　1/16
印　　张：10
版　　次：2015年4月第1版　2021年3月第4次印刷
书　　号：ISBN 978-7-5143-2525-6
定　　价：29.80元

  党的十八大报告指出："文化是民族的血脉，是人民的精神家园。全面建成小康社会，实现中华民族伟大复兴，必须推动社会主义文化大发展大繁荣，兴起社会主义文化建设新高潮，提高国家文化软实力，发挥文化引领风尚、教育人民、服务社会、推动发展的作用。"

  我国经过改革开放的历程，推进了民族振兴、国家富强、人民幸福的中国梦，推进了伟大复兴的历史进程。文化是立国之根，实现中国梦也是我国文化实现伟大复兴的过程，并最终体现为文化的发展繁荣。习近平指出，博大精深的中国优秀传统文化是我们在世界文化激荡中站稳脚跟的根基。中华文化源远流长，积淀着中华民族最深层的精神追求，代表着中华民族独特的精神标识，为中华民族生生不息、发展壮大提供了丰厚滋养。我们要认识中华文化的独特创造、价值理念、鲜明特色，增强文化自信和价值自信。

  如今，我们正处在改革开放攻坚和经济发展的转型时期，面对世界各国形形色色的文化现象，面对各种眼花缭乱的现代传媒，我们要坚持文化自信，古为今用、洋为中用、推陈出新，有鉴别地加以对待，有扬弃地予以继承，传承和升华中华优秀传统文化，发展中国特色社会主义文化，增强国家文化软实力。

  浩浩历史长河，熊熊文明薪火，中华文化源远流长，滚滚黄河、滔滔长江，是最直接的源头，这两大文化浪涛经过千百年冲刷洗礼和不断交流、融合以及沉淀，最终形成了求同存异、兼收并蓄的辉煌灿烂的中华文明，也是世界上唯一绵延不绝而从没中断的古老文化，并始终充满了生机与活力。

  中华文化曾是东方文化摇篮，也是推动世界文明不断前行的动力之一。早在500年前，中华文化的四大发明催生了欧洲文艺复兴运动和地理大发现。中国四大发明先后传到西方，对于促进西方工业社会的形成和发展，曾起到了重要作用。

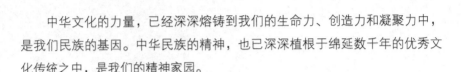

中华文化的力量，已经深深熔铸到我们的生命力、创造力和凝聚力中，是我们民族的基因。中华民族的精神，也已深深植根于绵延数千年的优秀文化传统之中，是我们的精神家园。

总之，中华文化博大精深，是中国各族人民五千年来创造、传承下来的物质文明和精神文明的总和，其内容包罗万象，浩若星汉，具有很强的文化纵深，蕴含丰富宝藏。我们要实现中华文化伟大复兴，首先要站在传统文化前沿，薪火相传，一脉相承，弘扬和发展五千年来优秀的、光明的、先进的、科学的、文明的和自豪的文化现象，融合古今中外一切文化精华，构建具有中国特色的现代民族文化，向世界和未来展示中华民族的文化力量、文化价值、文化形态与文化风采。

为此，在有关专家指导下，我们收集整理了大量古今资料和最新研究成果，特别编撰了本套大型书系。主要包括独具特色的语言文字、浩如烟海的文化典籍、名扬世界的科技工艺、异彩纷呈的文学艺术、充满智慧的中国哲学、完备而深刻的伦理道德、古风古韵的建筑遗存、深具内涵的自然名胜、悠久传承的历史文明，还有各具特色又相互交融的地域文化和民族文化等，充分显示了中华民族的厚重文化底蕴和强大民族凝聚力，具有极强的系统性、广博性和规模性。

本套书系的特点是全景展现，纵横捭阖，内容采取讲故事的方式进行叙述，语言通俗，明白晓畅，图文并茂，形象直观，古风古韵，格调高雅，具有很强的可读性、欣赏性、知识性和延伸性，能够让广大读者全面接触和感受中国文化的丰富内涵，增强中华儿女民族自尊心和文化自豪感，并能很好继承和弘扬中国文化，创造未来中国特色的先进民族文化。

青云飞

2014年4月18日

推陈出新——婚姻制度

演化形式——婚姻礼俗

美好寓意——婚姻文化

在人类社会发展的初期，虽然有两性的结合，但这种结合的目的是人种的自然繁衍，纯属一种自然现象。所以，这种两性之间的结合，严格来讲不能称为婚姻。

随着社会的发展，男女之间的结合不仅渐渐形成一定的规范，而且逐步产生了相应的婚姻制度和某些特定的婚俗。这时的男女结合，是以得到社会的许可为特征的。有关婚姻法律的出现，将男女之间构成婚姻的原则，用条文的形式固定下来，使婚姻不仅得到社会的认可，而且受到法律的承认和保护，这是人类婚姻的一个巨大进步。

推陈出新

婚姻制度

一夫一妻制度的形成

在远古的时候，我国西北有一个华胥国，国内有个大湖泊叫雷泽，是雷神居住的地方。雷泽两岸为雷河，华胥国的人民都聚居在雷河两岸。

华胥国有个叫华胥氏的女人，据说她是中华民族人文始祖伏羲的母亲。

■ 伏羲 是我国古代传说中一位对华夏文明做出过卓越贡献的神话人物。据史载，伏羲曾教人们织网捕鱼，他确定了婚嫁制度，创造了历法，发明了乐器，教会了人们制作和食用熟食，结束了人类身披树叶、茹毛饮血的野性状态。最重要的是，他始创了中国古代文化的秘密符号"八卦"，这是一组代表自然界天地水火山川雷电的象形文字，也是中国文字的起源。

■伏羲塑像

有一次，华胥氏来到水波荡漾的雷泽湖边游玩，观赏着美丽的湖光山色，姑娘沉醉了。漫步之际，她忽然看见水泽边绿茵茵的草地上，有一个巨大的人的脚印，觉得很好奇，就欣然用自己纤细的小脚去踩那巨人的脚印。

刚踩上去，华胥氏就感到一股暖流流过丹田，一种幸福的感觉使她久久不愿离去。她哪里知道，当那巨大的足印向她身上注入幸福的热流之后，她就怀上了这雷泽之主雷神的儿子，也就是后来的伏羲。

不久，华胥氏就生下了伏羲。在她的培养教育下，伏羲成长为一个聪明勇敢、风姿秀美的青年。

这一天，伏羲躺在大树下休息，偶然间看到蜘蛛编网捕捉苍蝇进食的过程，他灵机一动，起身跑到草地，拔草编织草绳，再用草绳纵横交错网络，最后织好了一张大网。

伏羲叫来当时还不懂得农耕的山民，让他们拿着

华胥氏 是伏羲、女娲的母亲，称为华胥氏。相传华胥氏踩雷神脚印，有感而受孕，生伏羲。在我国陕西一个叫华胥的地方，古往今来，上百种中华典籍中均记载着一个叫华胥氏的氏族女首领及其儿女伏羲、女娲的故事。其实，华胥氏的历史比黄帝还要长得多。

■ 伏羲八卦图

盘瓠 相传上古时高辛帝麾下有一只神犬，名叫盘瓠。帝喾守信嫁女盘瓠犬，盘瓠与辛女在一起生下了六对儿女。盘瓠死后，"其后滋蔓，号曰蛮夷"，成为中族，大家都尊奉他们共同的祖先。后"盘瓠"音转为"盘古"，成为中华民族的祖先。

这张大网去捕捉鸟兽和鱼，很快获得了成功。他又教山民用皮革编织成衣服，还教山民钻木取火，极大地改善了当时人们的生活。

而后，伏羲还推演天地万物的变数，画成八卦，乾、坤、坎、离、艮、震、巽、兑，并教山民用八卦符号记事，方便了当时还没有文字的山民相互间的沟通交往。

后来，伏羲娶妹妹女娲为妻，生儿育女，创造了人类，开辟了世界。由于伏羲结绳为网、钻木取火、以八卦记事、兄妹相婚等功绩，被后来的人们誉为上古"三皇"之一，尊称他为"人祖爷"，并认为他是渔猎文明时代的文化英雄。

为了纪念伏羲，人们在河南淮阳地区一个绿树掩映的环境中，建造起了一座"伏羲陵"，当地人称之为"人祖庙"。人们经常到此烧香祈拜，除祈求农事丰收之外，也表达了盼望得子的意愿。

这个故事，体现了我国古人在原始状态下的一种婚姻形式，也就是"感生说"，反映了当时的人们对生育原理的最初认识。

由于当时的人们群居野处，没有固定的伴侣，两性的交往也无任何习俗和理性的约束，常常"知母不知父，无亲戚、兄弟、夫妻、男女之别"，因此不可能构成家族。

随着原始经济的缓慢发展和原始人生活经验的积累，特别是学会了利用火，于是，在血缘家族的内部，开始产生了婚姻禁例，开始排斥亲子通婚，只允许同辈男女发生婚姻关系。这就是我国古代的第一个婚姻形式，称为"血族婚"，也叫"血缘婚"。

这种同辈血缘婚制，在我国古文献中多有记载，如南朝刘宋的史学家范晔编撰的《后汉书·南蛮传》中，就记述了高辛氏之女和盘瓠结合，生育六男六女，其子女相互婚配的传说。

东汉泰山太守应劭著的

《后汉书》 南朝刘宋时期的历史学家范晔编撰的纪传体史书，记载东汉时期历史。它与《史记》《汉书》《三国志》合称"前四史"。书中记载了从光武帝刘秀时起至汉献帝时止的195年的历史。

■伏羲女娲图

■ 男性群葬墓

《风俗通》中说，女娲是伏羲之妹，后世出土的汉墓石刻上，伏羲、女娲为"人首蛇身，两尾相交"的造型，"两尾相交"即夫妻的象征，表明女娲、伏羲既是兄妹，又是夫妻对偶神。我国少数民族的民间传说中，兄妹通婚的故事也流传甚广。

还有苗族的《伏羲姊妹制人烟》、彝族的《梅葛》、布依族的《姊妹成亲》、壮族的《盘古》、纳西族的《创世纪》等史籍中，都有兄妹通婚的记述。这类传说虽多主观虚构的成分，但反映的却是原始社会血缘婚的普遍现象。

后来出现了族外婚，也称"亚血族婚"或"普那路亚婚"。族外婚是继血族婚后出现的婚姻形式。

在这种婚姻形式下，本氏族的兄弟姊妹已不能通婚，必须在相互通婚的对方氏族的女子或男子中寻找配偶。同样，对方氏族中的兄弟或姊妹，则在本氏族中的女子或男子中寻找配偶。这样，父亲是集体父辈，母亲为集体母辈，成为共夫或共妻。

男子去世后，都要葬在各自出生的氏族墓地，而不能和本氏族的姊妹同墓合葬。所生的子女属于女方氏族，去世后与母亲同葬，不能与父亲合葬。

考古发掘中也发现了新石器时期男女分区聚集埋葬的墓地。山东兖州王因村有男性同葬墓10座，女性同葬墓7座。华阳县横陈村，有妇女与幼儿合葬墓。这正是族外婚在葬俗上的反映。

到了原始社会后期，由群婚制变为对偶婚制，即一男子在许多妻子中择一女为"主妻"，即正妻，其余为副妻。而一女子在许多的丈夫中择一男为"主夫"，即正夫，余者为副夫。

对偶婚仍以女子为中心，女娶男嫁，实行族外婚，夫从妻居，从而改变了过去子女"知其母而不知其父"的状况。婚制的变化，使生父的身份得以确定，这就从血缘结构上为父系氏族和一夫一妻制的出现创造了条件。

随着氏族社会的发展，族外婚的配偶范围逐渐缩

石刻 指镌刻有文字、图案的碑碣等石制品或摩崖石壁。在书法领域，也有把镌刻后，原来无意作为书法流传的称为"石刻"，一般不表书者姓名，三国六朝以前多为；而有意作为书法流传的称为"刻石"，隋唐以后多为，通常标刻书者姓名。我国古代的石刻种类繁多，是广泛地运用圆雕、浮雕、透雕等技法创造出来的风格各异的石刻艺术品。

■原始社会的群居生活

■ 原始社会一夫一
妻生活场景

《尚书》又称
《书》，是一部
多体裁文献汇
编，长期被认为
是我国最早的史
书，该书分为
《虞书》《夏书》
《商书》《周书》。
因是儒家"五
经"之一，又称
《书经》。内容
主要是君王任命
官员或赏赐诸侯
时发布的政令。

小，异姓同辈男女，在或长或短的时期内对偶同居，便成为对偶婚。其间，与长姊配偶的男性，有权把她的达到一定年龄的妹妹也娶为妻，叫"妻姊妹婚"。

对偶婚的男女，分别在自己母系氏族生活，成年男子到异姓女子氏族过着"暮合朝离"的同居生活，两性的结合并不固定，知其母不知其父的情况仍然存在。世系仍按母系计算，女子在家庭和社会中享有崇高地位。

对偶婚的男女实行长期同居，逐渐形成一夫一妻的个体婚。这种社会转变相传完成于虞舜、夏禹之际。我国古代传说中的舜娶尧之二女和象企图谋害舜，说明此时尚未脱离对偶婚的遗习。

《尚书·舜典》的敬敷五教即父义、母慈、兄友、弟恭、子孝中，尚未提出夫妻的伦理道德规范，说明夫妻关系尚不稳定。到了禹娶涂山氏之女而生启时，夫妻关系才正式固定下来。

一夫一妻制具有两个特点：一是产生了爱情的萌芽，爱情具有专一性和排他性，这是排斥群婚的一大进步；二是夫妻共同经营家庭经济，使个体家庭从母系氏族中分离出来，成为现实。

奴隶制时期的"婚姻"概念，可以这样来理解。"婚"即黄昏的"昏"，封建时代的"娶妻以昏时"，就是它的遗意。"姻"同"因"。曹魏时的古汉语训诂学者张揖的《广雅释诂》说："因、友、爱，亲也。"意思是说，男女在黄昏时约会，结成亲密的伴侣。

处于父系氏族社会时期的云南基诺族，称得上是一个懂得爱情的少数民族。该族青年男女在16岁举行成年仪式后，就可以开始谈情说爱了。这些男女参

舜 我国传说中父系氏族社会后期部落联盟领袖。舜，也称虞舜，生于姚地，今河南濮阳，以地取姓氏为姚。姚姓族人是黄帝、舜的后裔。舜帝是中华民族的共同始祖。他不仅是中华道德的创始人之一，而且是华夏文明的重要奠基人。

■ 原始社会一夫一妻生活场景

加叫"饶考"或"米考"的社团组织，开始结识异性朋友。经过"巴漂"即私下相恋、"巴宝"即公开爱情和"巴里"即追求同居的三个阶段，表明爱情已经成熟，然后由父母出面议婚，订婚，然后举行结婚仪式。

生活在云南的傣族青年男女，在父系氏族社会时期也有自己的组织和首领，男青年的首领称"乃欧"，女青年的首领称"乃绍"，均由选举产生，其职责是让青年懂得社交和婚配的习俗，调处相互关系。他们通过"丢包""赶摆"等社交活动，寻求自己的爱情。

进入阶级社会后，男子居于绝对领导地位，择妻制度被保留下来。至夏商时期，一元化的一夫多妻的婚姻制度正式形成。然而，夏商两代国王的多妻使得王子甚多，因其母不分嫡庶，众子均有王位继承权。所以，在王位交接时，众王子之间常常产生矛盾冲突，甚至祸起萧墙，流血拼争。

周代吸取了夏商时期的教训，通过实行一夫一妻多妾的婚姻制度，确定了王位的归属，成功地解决了王位继承的难题。

西周时期的宗法制度规定，从天子到诸侯、百姓，一个男子只能有一个妻子，即正妻，也称嫡妻，正妻必须经过聘娶大礼迎娶。

阅读链接

在《华阳国志》中有一则这样的记载，说在云南的哀牢山上有一个妇人，名叫沙壹，以捕鱼为生，过着自给自足的生活。有一天，沙壹和往常一样前往河边捕鱼，但是她刚挽起自己的裤腿下到河里，忽然在水中触到一沉木，遂感而有孕，生下了10个男孩。与此同时，在哀牢山下又有一对夫妇，生下了10个女孩。

沙壹的孩子和另一对夫妇的孩子长大以后，他们就互相婚配，这才开始有了世间的人们。这也是一个"感生说"的神话传说。

从夫居与从妻居的斗争

　　当一夫一妻制家庭成为个体经济单位，它便从母系氏族公社中分裂出来，男女结合由从妻居逐渐变为从夫居，家长由女性变为男性。这是一个历史性的转变，而从夫居与从妻居的转变过程显得特别激烈。

　　在母系氏族社会，男子习惯于从女方居住，女方是家长，男子是伴宿的过客。到了一夫一妻制时期，丈夫成了家长，妻子从夫居，处于从属地位。因此，便出现了女子抵制出嫁，新婚之夜，新娘不与新郎同房，而由送亲的妇女与新娘伴宿的风俗。

■普米族人偶

　　新娘在第二天给夫家挑几挑水，又回到娘家，仍过自由的生活。有了身孕后，丈夫才把她接回去"坐家"，不准再有外遇。

　　南方有的少数民族女子有三回九转的婚俗，说明结婚次数很多。只有在第四次结婚

嫁娶礼俗与结婚喜庆

■普米族情侣画像

《诗经·小雅》

《小雅》是《诗经》的一部分。"雅"即正，指朝廷正乐，西周王畿的乐调。雅分为《大雅》和《小雅》。《大雅》31篇是西周的作品，大部分作于西周初期，小部分作于西周末期。《小雅》共74篇，除少数篇目可能是东周作品外，其余都是西周晚期的作品。《大雅》的作者，主要是上层贵族；《小雅》的作者，既有上层贵族，也有下层贵族和地位低微者。

时才算数。因此，新娘从第一次结婚到夫家去"坐家"，少则两三年，多则十几年。还有的少数民族女子要举行两次婚礼。第一次在新娘家中举行，新娘仍住在娘家。过了三年，新娘去男家举行第二次婚礼，才算是正式夫妻。

赘婚也是夫从妻居的一种婚姻形式。它是在有子无财的贫户与有女无儿的富户之间发生的婚姻关系。贫困之家缺乏给子弟娶媳妇的聘财，只得让子弟到女家从事一定期限的无偿劳动，以达到娶到妻子的目的。这就是古书中说的"家贫无有聘财，以身为质"的意思。

入赘的男子在女家劳动，要受女子和女家的监督，并经受各种艰苦的考验，以证明自己有养家糊口的能力，才能成为赘婿。否则，就会被女家撵走。《诗经·小雅·我行其野》中，便描写了一个赘婿被女家驱逐后，在野外奔波的心情。

抢婚与逃婚的斗争也是一夫一妻制时期的一个习俗。抢婚一般发生在男女相爱之后，因结婚受到女方家长的阻挠，他们为了达到结婚的目的，便与所爱之人私下约定抢婚的时间和地点。

届时，男子邀约伙伴前来抢亲，女子假装哭叫，表示拒绝，引起女家亲属和邻居赶到出事地点，男方一行人便挟持女子设法逃走。然后由男方家长派媒人到女家求亲。双方取得一致意见后，女子到男家举行正式的结婚仪式。

有些少数民族规定，在娶第一个妻子时，可以在联婚中给中意女子的家长送财礼，然后把她抢走。有些少数民族中保存着女子在婚前哭嫁的习俗。反映出她们留恋母家，对陌生的夫家心怀恐惧的矛盾心情。如汉魏乐府民歌《白头吟》：

> 凄凄复凄凄，嫁娶不须啼。
> 愿得有心人，白头不相离。

女子之所以伤心啼哭，就是因她所嫁的不一定是"有心人"。此外，在原始社会的婚姻中，还存在着女子血缘是从父系还是从母系的不同观念。

比如，在子女命名的问题上，由父子连名代替原

乐府 汉族民歌音乐。乐府最初始于秦代，到汉时沿用了秦时的名称。公元前112年，汉王朝在汉武帝时正式设立乐府，其任务是收集编纂各地民间音乐，整理改编与创作音乐，进行演唱及演奏等。后来，"乐府"成为一种带有音乐性的诗体名称。

■ 独特的风俗审新娘

先的母子连名，我国的基诺族、布朗族尚保留着这种遗俗。再如产翁制，子女本是母亲生育的，做父亲的为了夺取子女的所有权，便在妻子分娩后，装作生育的样子在床上"坐褥"，接受亲友的祝贺，而让产妇下地干活，哺乳婴儿。据史书记载，我国的仡佬族、壮族、傣族和苗族，都长期盛行产翁制婚。

"审"新娘是普米族特有的一种婚俗，普米族实行父权制下的一夫一妻制。在"审"新娘的活动中，便体现出夫权意识。

当新娘来到夫家，先由村里的老人向新娘交代规矩，然后把新娘带到无男人的地方谈心，劝新娘交代出她从13岁成年后，在娘家交过多少朋友，有什么隐情，都要在这个时候讲清楚，告诉新娘这样做对本人、对新郎、对全家都有好处。

新娘如实讲出来，表示与过去划清了界限。通过这种方式，妻子迁到自己的氏族来居住，变从妻居为从夫居。从此以后，世系便依父系计算，财产按父系继承。

在父系制的早期阶段，往往还保留着妻方居住婚的残余。随着一夫一妻婚个体婚制的确立，夫方居住婚即成为主要的婚姻形式。

阅读链接

生活在海南岛黎族的对偶婚称"放寮"，异姓青年男女可以到对方的寮房自由地结交伴侣。纳西族称对偶婚为"阿柱婚"，对内称"主子主米"，即最亲密的伴侣。该婚俗也称"走访婚"。从对偶同居，发展为一夫一妻制婚，夫妻不再称"阿柱"，称丈夫为"寨叔巴"，称妻子为"楚米"。在称谓上反映出婚制的改变。

对偶婚虽然是男女双方自愿选择结合，但在同居期间，双方仍享有结交新欢的权利，互不干涉。由于它是介乎群婚与一夫一妻制之间的过渡性婚姻形态，随着母系氏族社会日趋衰落，原来不是很固定的对偶婚，逐渐转变为一夫一妻制。

西周礼制下的婚姻礼俗

传说在远古时期，洪水经常泛滥，几乎所有的人和动物都被淹死了，只剩下了伏羲和女娲兄妹。太白金星叫他们结婚，生育后代，但他们认为两人是兄妹，便不肯答应。太白金星告诉他们说，如果不这样的话人类就会灭绝。

伏羲和女娲提出条件说，如果能将割成许多段的竹子再接起来，就可以结婚。后来果真把竹子接上了，而且有许多竹节。两人还是不愿答应。

伏羲和女娲又提出条件说，从两座山上往下滚两个盘石磨，如果石磨能滚合到一起，就可以结婚。但是当

■被人格化的金星

■蒙古抢婚

布帛 古代一般以麻、葛之织品为布，丝织品为帛，因以"布帛"统称供裁制衣着用品的材料。布帛不仅可以制作衣物，而且由于它具有比较稳定的价值，汉代时民间还将它作为价值尺度和支付手段，赋予它一定的货币功能。

石磨又合在一起后，他们仍然不肯答应。

这时，女娲又出了一个主意，如果伏羲能够追上自己，就可以成婚。结果，伏羲始终追不上女娲。后来，一只乌龟教伏羲从山的另一面沿着相反的方向追赶。女娲没有防备，被伏羲追上。就这样，两人只好成婚。

由于伏羲、女娲的成婚，才传下了后世的人类。而伏羲追女娲，也成为我国最早的婚礼仪式。

在氏族社会，男女之间的婚配，大都实行氏族外婚或部落外婚。男子成婚，必须要到另外一个氏族或部落去寻找配偶。在当时女性比较少的情况下，男子要得到配偶，是非常困难的事。一旦得到配偶，哪怕是抢来的，全氏族或部落的人都要为此而庆贺，有时还要设宴欢庆。这就是婚礼的原型。

蒙古族是我国北方的游牧民族，很久以来就实行氏族外婚。由于居住地域辽阔，部落之间相距很远，给通婚和贸易带来很大的困难。所以，在古代蒙古族中，姑娘远嫁和抢婚现象是很普遍的。一旦成婚，必然饮酒作乐，表示庆贺。

此外，婚礼的功能还在于通过一定的形式向族人和社会宣告婚姻的成立，以便得到社会的认可。

据北宋刘恕的《通鉴外纪》记载，在上古时候，男女无别，从太昊开始才设嫁娶之宜，以俪皮，即成双的鹿皮为礼。从此，俪皮就成了经典的婚礼聘礼之一。之后，除了俪皮之礼外，还必须先禀告父母。

在一夫一妻制时期，婚姻以男女互爱为基础，但必须征求父母的意见，父母不能专断。如游牧在额尔古纳河畔的鄂温克族，在男女因相爱订婚前，必须经家长表示意见，男方家长要向女家赠送驯鹿、酒和灰鼠皮作为聘礼。结婚时，双方家长要给新婚夫妻赠送驯鹿，作为他们共同生活的物质资料。

儒家典籍《仪礼》中的《婚礼》篇规定，用雁、俪皮作为婚礼物品，与鄂温克族以驯鹿作为聘礼是相通的。说明雁与俪皮是古老婚俗的遗习。

进入阶级社会后，婚礼改用布帛、金银及牛马等大牲畜，男子娶妻所用的聘礼，更显得大气而庄重。

古代祭祀神媒，表达了人们"联婚姻、通行媒"的美好愿望。而在缔结婚姻的过程中，媒人占有特殊的地位。

媒人是在一夫一妻制形成后才出现的。这时的媒人，大都是本氏族中享有威信的长者。他们受男方家长的嘱

蒙古族 我国北方主要民族之一，也是蒙古国的主体民族。13世纪初以成吉思汗为首的蒙古部落统一了其他部落，逐渐形成了一个新的民族共同体，"蒙古"也就由原来的部落名称变成为民族名称。

■西周时期的玉牛

■西周时期少女玉俑

宗法 指调整家族关系的制度，它源于氏族社会末期的家长制，依血缘关系分大宗和小宗，强调前者对后者的支配以及后者对前者的服从。在历史上还是西周的重要政治制度，这种宗法制是以血缘关系为基础，核心是嫡长子继承制。这种制度起着维护西周政治等级制度和稳定社会秩序的作用。

托，为青年男女的婚事奔走，认为这是成人之美。在两家遇到麻烦时，媒人也积极想办法从中斡旋，从而受到人们的尊敬。

西周时期，奴隶主贵族在很大程度上保留了血缘关系的氏族组织，并在此基础上建立起血缘关系、政治关系高度一致的宗法政治制度。以政治、血缘双重标准构建"家""国"一体的宗法政权体制。

"家"是西周社会的基本组成单位。以血缘上的亲疏和血统上的嫡庶为标准，整个社会被划分成不同层次的"大宗""小宗"。在西周典型的宗法政治体制下，婚姻制度具有明显的宗法特征。

根据西周宗法制度，婚姻的目的在于延续血脉，《礼记·婚义》中记述婚姻"合两性之好，上以事宗庙，下以继后世"。宗法制度注重亲疏、嫡庶的区别，为明确嫡庶，西周实行一夫一妻制。

据《礼记·曲记》记载，西周时期，"天子有后，有夫人，有世妇，有嫔，有妻，有妾""恭候有夫人，有世妇，有妻，有妾"。明媒正娶的嫡妻只有一个，不得以妻为妾，也不得以妾为妻。

同时，婚姻关系的成立，必须得到家庭与社会的认可。就家庭而言，首先必须经父母同意，没有父母同意，男不得婚，女不得嫁。就社会而言，男女缔结婚姻,必须经媒人说合。"娶妻如之何,必告父母""娶妻如之何,匪媒不得";这一原则,为后世沿用,并逐渐形成制度。

古代的婚姻礼仪指从议婚至完婚过程中的6种礼节,即纳采、问名、纳吉、纳征、请期、亲迎。这一娶亲程式,周代即已确立,最早见于《礼记·婚义》。

古时男家去女家迎亲时,均在夜间。并且迎亲的人均穿黑衣,车马也用黑色。此俗与后世白天迎亲、穿红色服饰的婚俗,迥然不同。

"六礼"的名称和仪式,在古代婚姻制度发展史上影响十分深远。以后各朝婚姻成立的形式要件,虽不一定经过六道礼仪程式,但"六礼"的名称却一直相传下来。

古代对刚入门新妇的姿态也十分讲究。西周时期,要求男方要先到女方的家庙拜祭其祖先,然后再用车接女方到男家。将女方迎进男方家门后,还要举行夫妇同器共餐、共饮交杯酒等仪式。次日尚须留在家中以谒见舅姑。如舅姑先已去世,则3个月后在家庙祭奠舅姑,此称为"庙见之礼"。庙见完成后,该女子便正式成为家族成员。至此婚礼始告完成,婚姻最终成立。

在我国古代,解除婚姻关系也形成了一套完整的制度,称为"七出三不去"。

"七出"又称"七去",是西周时确立的男方家可以休妻的七项条件。《大戴礼》中记载"妇有七去:不顺父母,去;无子,去;淫,去;妒,去;有恶疾,去;

周代礼器

口多言，去；盗窃，去"。只要女子有其中的任何一条，夫家就可以合礼、合法地解除婚姻关系。

解除婚姻关系也有一些限制性条件，按西周的礼制，女子在三种情况下，可以不被夫家休弃，即所谓"三不去"。具体为"有所娶无所归，不去；与更三年丧，不去；前贫贱后富贵，不去"。

意思是说，女子被休弃时娘家已无亲人的，不能休妻；女子嫁入夫家后与丈夫一起为公婆守孝三年的，不能休妻；女子嫁入夫家由贫贱变得富贵的，不能休妻。

按照礼制的要求，"妻者，齐也"，夫妻应为一体，贫贱时娶之，富贵时休之，义不可取，故不能休妻。对男家任意休妻的限制性规定，虽是出于维护宗法伦理秩序的需要，但也反映了我国古代婚姻制度中人道主义精神的一面和对妇女合法权益的特别保护。

"七出三不去"的影响也极为深远，汉唐乃至明清，各代法律中关于解除婚姻的条件和限制的相关规定，大体均未超出其范围。

阅读链接

据《周礼》记载，周朝管理婚姻事务的官职为媒氏。媒氏负责书写颁发婚书。《周礼·地官·媒氏》："媒氏掌管万民之判。"郑玄注曰："判，半也。得耦为合，主合其半，成夫妇也。"清代学者俞樾认为，这里的判即是判书。周朝时的婚书，一般写在一片竹简或木简上，然后把它分开，男女双方各拿一半，作为婚姻的法律凭证。

婚书分官方婚书和民间婚书。民间婚书又叫私约，是指男女双方缔结婚姻，未去上报官府，只是双方与中间人私下签署的婚约。对待私约，各代朝廷态度不一。有的明令禁止，不予承认。有的较宽容，承认私约有效。其实在民间，私约婚书一直盛行不止。

初成规模的秦代婚制

公元前221年，秦王嬴政统一了六国，自称为始皇帝，也就是秦始皇。秦始皇在中央创建皇帝制度，实施三公九卿，管理国家大事。

秦始皇在治国过程中，充分认识到健全的法制对于国家富强的重大意义，奉行法家学派的法治、重刑理论。由此，秦代在婚姻制度上就较少受儒家礼教观念的影响，与其前后朝代婚姻制度相比，颇具特色。

秦代百姓人物俑

秦代法律在关于婚姻的成立条件、婚姻的形式、夫妻双方的权利义务，以及婚姻的解除等方面，都作了较具体的规定。

秦代法律规定，婚姻成立首先是要达到成婚年龄。

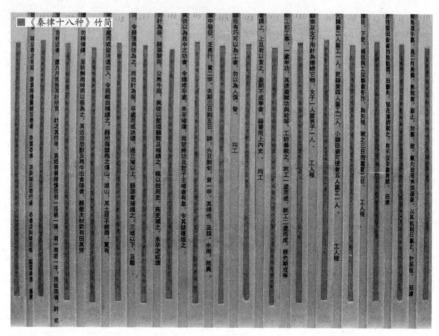

■ 《秦律十八种》竹简

秦代把男子身高六尺五寸作为成年的标准，举行冠礼。冠礼之后就具有了结婚的条件了。

秦代把女子身高六尺二寸作为成年的标准，女子成人才"许嫁"，也就是具有结婚的条件了。这仅仅是一般的规定，在执行上并不严格。秦简中有女子"小未盈六尺"而"为人妻"的事例。

在成婚之前，首先要经官府登记。在秦简中记载，结婚只有到官府登记，婚姻方始成立。《法律答问》载：

> 有女子甲为人妻，去亡，得及自出，小未盈六尺，当论不当？已官，当论；未官，不当论。

意思是说，女子甲为人妻，私逃，被捕获以及自首，年小，身高不满六尺，应否论处？答曰：婚姻曾经官府认可，应论处；未经认可，不应论处。可见，凡是经官府登记的婚姻，是受到法律保护的。

在秦代法律中还规定了夫妻双方的权利义务。女子结婚后有到丈夫家生活的义务。丈夫是一家之主，如果丈夫犯罪被处以流刑，妻子必须随丈夫到流放地共同生活。结婚后的家庭财产包括妻子陪嫁的财产在内，都是由丈夫来支配的。

妻子犯罪服刑，其一切财物归丈夫所有。《法律答问》中也有相关记载。

秦代法律保护妻子的人身不受丈夫侵犯。丈夫殴打妻子属违法行为。如秦代法律中明确规定，丈夫不得任意伤害妻子，即使妻子凶悍，也不准将其殴打致伤，否则丈夫将受耐刑的处罚。耐刑就是强制剃除鬓毛胡须而保留头发。

秦代法律还非常注重维护夫妻关系的稳定，夫妻间需相互忠诚，男女通奸法律上双方都认定是犯罪。

妻子有控告丈夫犯罪的权利。秦代法律规定，"夫有罪，妻先告"，可以不被籍没为官府奴婢，

■秦代陶牛车

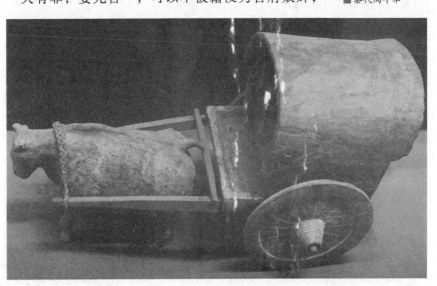

其陪嫁奴婢、衣物也可以不被没收。从中可以看出，妻在家庭中的地位，较后世略高。

在秦代法律中也制定了婚姻关系解除的律令。秦代法律规定，解除婚姻须经官府登记认可，否则，将构成"弃妻不书"罪，男女双方均要处罚。《法律答问》记载了丈夫如果休妻不向官府登记，夫妻双方都要被处以"赀二甲"即罚货两箱的刑罚。

秦代法律中还规定，由于夫或妻的一方死亡，婚姻就在事实上解除，生存的一方有权再婚。但是，这种再婚权，仅仅适用于生存者是男子一方的情况下，并不完全适用于生存者是女子一方的情况。也就是说，有儿子的妇女必须与死去的丈夫在法律上继续保持夫妻关系。

秦代法律保护丈夫有休妻的权利。如果妻子对婚姻不满，仅有狭窄小路可以走。至于弃妻的条件是否是"七去之条"，出土的秦简没有反映。不过，"七去之条"在当时已经形成，这就是："不顺父母去，无子去，淫去，妒去，有恶疾去，多言去，窃盗去。"

此外，秦代法律虽然对夫权有所限制，对妇女人身权利的保护，也超过后世的历代王朝。

阅读链接

古代成婚的年龄，各朝代并不相同。春秋时期，男子20岁加冠，女子16岁及笄，即可结婚；又谓"男30而娶，女20而嫁"，是为不失时。《汉书·惠帝纪》中就明文记载："女子年15以上至30不嫁，五算。""五算"就是罚她缴纳五倍的赋税。

其实，我国古代早婚的现象也很严重，宋代曾有"凡男年15，女年13，并听婚嫁"的规定。《后汉书·班昭传》中就记载：班昭"年十有四，执箕帚于曹氏"。《汉书·上官皇后传》中甚至有"月余遂立为皇后，年甫6岁"的记载。但一般都是在20岁前后。

汉唐律令对婚姻的维护

汉代和唐代，是我国历史上最能代表"中国"的两个朝代。由于汉代确立的儒家思想的影响范围之大和时间之久，汉唐时期在婚姻律令的建设上，各自体现出鲜明的时代特色。

两汉的婚姻制度，原则上沿袭西周以来的传统。但随着儒学独尊地位的确立，使两汉的婚姻立法更具有纲常伦理色彩。

汉惠帝时期，朝廷鉴于人口锐减的事实，提倡早婚，于是在公元前189年，汉惠帝诏令女子15岁至30岁以内不出嫁，要出五倍的算赋，一算一百二十钱。这是经过秦末战乱之后，治国者为恢复和发展生产，需要增加劳动力而采取的一项措施。

汉代人物陶俑

■ 汉代妇女俑

汉惠帝 刘盈，西汉的第二个皇帝，刘盈16岁即位后实施仁政，减轻赋税，提拔曹参为丞相，萧规曹随，政治清明，国泰民安。与民生息的政策，推动了经济的繁荣。在思想和文化方面，他废除了秦时禁锢，使黄老哲学代替了法家学说，打开了各种思想发展的大门。

根据汉惠帝的诏令，女子年15岁至30岁以内不嫁，便采取多收口赋的办法进行惩罚。因此，两汉时期盛行早婚。

两汉婚姻重视生子延嗣，这是宗法制度所要求的。另外，汉初为解决人口锐减造成的户籍萧条问题，国家也鼓励生育子嗣。由于早婚多育是国家需要，更是延嗣继世的需要，所以汉律虽然确定婚姻关系为一夫一妻制，但无后嗣者，纳妾当然为合法。

汉律仍以"七出""三不去"为弃妻的基本原则。关于离婚后的财产问题，汉律规定，由丈夫提出离婚，允许女方将出嫁时从娘家带来的财产带走。

在经过三国、两晋、南北朝三四百年的分裂割据后，我国进入了封建社会的鼎盛时期，即隋唐时期。

唐代关于婚姻的成立，强调以下几方面：

一是确认尊长对卑幼的主婚权。即使卑幼在外地，已自行订婚，只要尚未结婚，也必须服从尊长安排，如违反尊长意志者，依律"杖刑一百"。

二是把婚书和聘财确定为婚姻成立的要件。婚书是指婚姻成立的书面合约，包括男方尊长的通婚书和女方尊长的答婚书。前者是男方尊长向女方尊长致书礼请，提出婚约的建议，后者则是女方尊长答书许讫，予以承诺。

在女方尊长已事先得知、认可男方的情况下，如男方年龄偏大，或身有残疾，身为养子、庶子、妾生子、婢生子、奸生子等不宜明载婚书的特殊情况，即以私约的形式对婚书的内容进行补充。

聘财是婚姻成立得到法律确认的关键要件。聘财无论多少，只需表现为一定的钱财即可。女方尊长只要收下聘财，即使没有聘书，仍视为婚约成立并有效。如果女方尊长悔婚，依律处杖六十，且婚姻关系依然有效。

三是婚姻缔结的限制。结婚年龄，唐太宗执政的第一年，即627年，定为男20岁，女15岁。唐玄宗时的734年，为了增加人口，将婚龄降低到男15岁，女13岁。

唐律严格禁止同姓为婚，违者各徒二年，非同姓但有血缘关系的尊卑间不得为婚，违者以奸论；严禁与逃亡之女为婚，监临官不得娶监临之女为妾，良贱不得为婚，违者均处以刑罚。

唐律还规定，婚期已到，不得有违，若期约已至而男家无故五年不娶，有司给据改嫁。婚期未到，一

杖刑 古代刑罚之一。用荆条或大竹板拷打犯人。杖作为刑种始自东汉。南朝梁武帝定鞭杖之制，以荆条制成，分大杖、法杖、小杖三等。北齐北周，将杖刑列为五刑之一。其后相沿直至清末。

唐玄宗（685年—762年），李隆基，又称唐明皇，唐睿宗李旦第三子，母昭成窦皇后。712年受禅即位，改年先天。唐玄宗开元年间，社会安定，政治清明，经济空前繁荣，唐朝进入鼎盛时期，后人称这一时期为开元盛世。

■汉代婚庆画像砖

般不得强娶。

唐律在婚姻的解除上，夫对妻的特权尤为突出。婚姻解除的方式主要有两种，即"出妻"和"和离"。出妻简称"出"，即男方单方面解除婚姻，休弃妻子。其条件即西周以来传统的"七出"。

提出"七出"的不仅是丈夫，也可以是丈夫的父母，执行"七出"也无须得到官府的判决。相反，妻妾绝对没有单方面解除婚姻的权利。

唐律规定，妻妾违背丈夫擅自离开，处徒二年，因擅自离开而改嫁的，处徒三年。

对于"七出"的限制有两种：一是妻无"七出"之状，丈夫仍要出妻，丈夫处徒一年半。但"七出"原是一些简单的原则，很容易被丈夫找到出妻的借口。二是西周已有的"三不去"。虽有"七出"，但同时有三不去情形而出妻者，杖一百，婚姻仍然维持。"七出""三不去"原为西周礼制，唐律移植为法律规范。

和离制度，是我国封建社会一种允许夫妻通过协议自愿离异的法律制度。唐律令允许夫妻双方因关系不和谐而和离。和离及出妻，都必须制作书面的出妻书。出妻书由丈夫亲手书写，女方有这些书面解除婚姻的证据，才可重新结婚。

■ 唐代烹饪仕女俑

出妻 即男子强制休妻，是我国古代社会最主要的离婚方式。我国古代的"礼"和"法"为男子休妻规定了七种理由，这就是所谓的"七出"。为维护封建道德，古代婚姻制度又规定了三种丈夫不得休妻的法定事由，就是所谓的"三不去"。

断离即由官府判决解除婚姻。一般有两种情况：一是在违律为婚或嫁娶违律的情况下，由官府断离，并对关系人各处以刑罚。二是义绝，即指夫妻一方对另一方或一定范围的亲属，或双方一定范围内的亲属有殴打、通奸、杀伤等情况下，经官府判决强制解除婚姻关系。不执行者判决徒一年。

义绝的具体条件是夫殴妻之祖父母、父母，杀妻之外祖父母、伯叔父母、兄弟、姑、姊妹；夫妻双方的祖父母、父母、外祖父母、伯叔父母、兄弟、姑、姊妹之间有相杀情节；妻欲谋害丈夫，殴打或詈骂夫之祖父母、父母，杀伤夫之外祖父母、伯叔父母、兄弟、姑、姊妹，及妻与夫之缌麻以上亲属通奸；夫与妻母通奸；等等。

如果妻欲害夫，夫对妻之亲属须有殴打杀伤杀害才构成义绝，而妻仅詈骂、殴打夫之亲属就构成义绝。

此外，将妻妾嫁给监临官、夫出卖妻妾，也构成义绝。这些规定反映了封建夫妻关系上的不平等，也是"夫为妻纲"这一儒家纲常原则在法律上的体现。

总之，在婚姻方面，唐律进一步确认家长与子女、丈夫与妻子、良人与贱民之间的不平等，用以维护封建社会秩序。

阅读链接

在我国古代，人们认为形成的婚姻是前世姻缘和命中注定的，充满了偶然性。这一观念得到了大多数人的认同，这里面有着深厚的文化积淀。

在《世说新语》中记载了这样一个故事，说太尉郗鉴派门生到丞相王导家寻求佳婿，王导让他到东厢遍观子弟。门生归，对郗鉴说："王氏子弟哪一个都不错，听说了选婿之事，都很矜持，只有一人，在东床坦腹而食，好似未知选婿之事。"郗鉴说："此人正是佳婿。"一问原来是王羲之。于是郗鉴将女儿嫁给王羲之。这个故事说明了婚姻的偶然性。

宋代婚姻立法及嫁娶

宋代婚姻的立法，大体沿袭唐制，但对婚姻的缔结方面，规定禁止五服以内亲属结婚，对姑舅两姨兄弟姐妹结婚不加禁止。

宋律还规定，诸州县官人在任之日，不得与部下百姓交婚，违者虽会赦免但仍要分离。其州县佐以上官员及县令，于所统属官亦同。

宋代妇女画像

如果其订婚在前，任官居后，及三辅内官门阀相当情愿的，并不在禁限之内。

对女方不许悔婚的情况有例外，即订婚后，男家无故三年不娶，女方在告之官府，并退还聘财的前提条件下，可以主动解除婚约。

两宋关于婚姻离异的规定，完全承袭唐律规定，以传统的"七出""三不去""义绝"为条件。关于"七出""三不去""义绝"的含义,与以前的朝代没有区别,只是关于无子的条件,作了进一步界定。

依据法律规定,在宋代已婚妇女在49岁之前,是不能被夫家以无子条件赶出家门的。关于"三不去"的例外,是妻若有恶疾及与人通奸,体现了宋律维护宗祀继承的真正用意。

■ 宋代妇女梳妆图

"七出"是法律赋予丈夫单方面所享有的休妻的特权,"义绝"是法律规定的对男女双方实行强制离婚的条件。在婚姻的解除问题上,妇女始终处于被动地位。

随着社会的发展,特别是两宋商品经济的繁荣,人们的思想观念受到冲击。表现在婚姻制度上,宋代妇女在特定条件下,具有一定的法定离婚权。

首先,夫出外三年不归,其妻可以离婚。其次,丈夫令妻为娼或典雇妻与人者,其妻可以离婚。因为丈夫逼妻子为娼属丧尽天良之行径,不仅有违社会道德,而且也破坏家庭和睦,因而,法律赋予这样处境的妇女以主动离婚权。

为稳定社会秩序起见,历代官府皆禁止出卖妻子

五服 我国封建社会是由父系家族组成的社会,以父宗为重,自高祖至玄孙的九个世代,通常称为本宗九族。在此范围内的亲属,包括直系亲属和旁系亲属,为有服亲属,死为服丧。亲者服重,疏者服轻,依次递减。《礼记·丧服小记》所谓"上杀、下杀、旁杀"即此意。

流放 将罪犯放
逐到边远地区进
行惩罚的一种刑
罚。它的主要功
能是通过将已定
刑的人押解到荒
僻或远离乡土的
地方，以对案犯
进行惩治，并以
此维护社会和统
治秩序。

名讳 出现在我国
古代的一种语言
现象。遇到君主
或尊长者时，不但
不能直呼其名，而
且在书写的时候
也不能使用这些
字，于是只能用
改字、改音或减
少字的笔画等方
法予以回避，也
称避名讳。

人身，但民间还是有人典雇妻子与人者，对这样的违
法行为，宋代官府在进行依法制裁的同时，也赋予被
典雇妇女以主动离婚权。

两宋法令还规定，丈夫犯罪被处以流放或被处以
其他刑罚而移乡编管，其妻可以离婚。宋代已婚妇女
的法定离婚权的规定，为前代法律所没有的。

宋代婚礼依然承接上代，以"六礼"为主要内
容，但是具体婚嫁程序有了更改，特别是庶民嫁娶，
礼仪、礼俗更为具体繁杂，当时嫁娶步骤共有11项之
多，并分别带有一定的时代特色。

庶民嫁娶，首先是由媒人传帖，帖子实际就是记
有人名、出生年月日的一张单子。开始是媒人凭双方
的草帖子传话，男女双方拿到对方的草帖子后，就卜
卦问吉，如果男女不相克，得到吉卦，待媒人双方传
言后，两家同意，然后各自再起"细帖"议婚。

宋代《女孝经图卷》

细帖又称为定帖。男家定帖要写明男家三代官品职位，名讳，议亲者是家中第几位儿子，官职如何，出生年月日时，父母是否都在世，由何人主婚，是否入赘，如果入赘，还要把带来的金银田土写清，并将家中产业、宅舍、房廊、山园都列具在帖子上。

女方回定帖，也要写清以上内容。议亲者是家中第几位女儿，出生年月日时，并列具房奁、首饰、金银、珠翠、宝器，动用帐幔等物，以及随嫁田土、屋业、山园等。细帖写好后，由媒人向两家通报，择日传帖。

双方家长都满意就可以定亲了。首先是双方都以"色彩衬盘"安放定帖，送给对方。其次是相亲。男家选择吉日，备好酒席，敬请女家。一般是在园圃酒楼、湖面船舫内，两亲家相见。

如果双方中意，男家则用金钗插于女子冠髻中，当时称为"插钗"。如果不同意，男家则给女家赠送缎二匹，称作压惊。

相亲确定后，即要下定礼。定礼物一般是用络盛酒瓶，装成大花8朵，并用生色罗绢或8枚银胜，又用花红缴酒担上，名为"缴担红"。

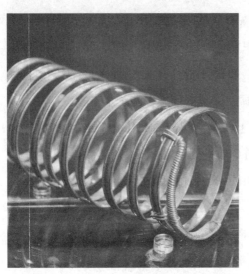
■ 古代金镯

婚事礼俗

嫁娶礼俗与结婚喜庆

酒器 指用来盛酒用的器具。在我国古代，酿酒业的发展，使得各种不同类型的酒具应运而生，在商代时，由于青铜器制作技术的提高，我国的青铜酒器达到前所未有的繁荣。商代以后，青铜酒器逐渐衰落，到战国、秦汉之际。青铜酒器主要有爵、角、觚、斝、罍、尊、壶、卣、方彝、枓、勺、禁等。

有钱人家送礼更多，有珠翠首饰、金器、销金裙、褙、缎匹、茶饼、两只羊、金瓶酒4尊或8尊等。

男家礼书共两封，名为"双缄"。用红绿销金书袋盛礼书，或用罗帛贴上画有五男二女的绿笺，盛放礼书。定礼一共10盒或8盒，用彩色单子盖上送到女家，女家接下定礼盒"于宅堂中备香烛酒果，告盟三界"，然后由女家夫妻双全者开盒。女家就于当天准备回定礼。

北宋时期，一般人家用淡水两瓶，活鱼三五条，筷子一双，都放在元酒瓶内，称为"回鱼"。

南宋时期，有钱人家排场大，回礼也重。女方回礼物品有紫罗及颜色缎匹、珠翠、皂罗巾缎、金玉、帕、七宝巾环箧、鞋袜、女工等。有的还把男方送来的八饼茶、八瓶酒等取一半回送，羊也送回一只，用两只酒器放清水，水中放四条金鱼，以一双筷子，两根葱放在酒器内。

如果是大富人家，会用金银打造筷子，用彩帛做成生葱挂在鱼水酒器之外，作为答礼。送完定礼后，遇到节日，男方仍然给女家送礼。

宋代婚礼，除送定礼外，照旧要送聘礼。当媒人定好下聘的日子以后，男方轻则以鹅酒，重则以羊酒下聘。

富贵之家一般用三金，即金钏、金镯、金帔坠。如果没有金器，也要以银镀代替。没有钱的人家，也要送帛送银、送鹅酒、茶饼等。

仕宦人家送礼更多，送销金大袖黄罗、销金裙缎、红长裙或红素罗大袖缎，还有珠翠团冠、四时冠花、珠翠排环等首饰，及上细杂色彩缎、疋帛，另加花茶、果物、团圆饼、羊酒等物，此外还有银铤，称为下财礼。也用两个信封装上聘书，做成礼书形状。

女家受聘后，也要用礼物答谢，一般用绿紫罗匹、彩色缎匹、金玉文房玩具、珠翠、女工等作答礼。另外，还要送媒人"媒箱"，箱中装有缎匹、杯盘、钱物等，并用花红礼盒赠送。男家送完聘礼后，逢年过节就不必再送礼给女方了，只等择日成亲。

男家选好吉日，告诉女家，女家答应，男家便可来迎亲。迎亲前一天，女家派人先到男家，铺房挂帐幔，放置房奁、珠宝首饰等物。新房布置好后，让最亲信的妇人或嫁女侍从看守新房，不让外人进入房中，只有等到新人来后才开放新房。

男家按规定日子和时刻，让人捧着花瓶、花烛、香球、纱罗、洗漱妆盒、烛台、裙箱、衣匣、百结青凉伞、交椅，并雇请乐队护送花轿，一路吹打，前往女家迎娶新妇。

女家用酒礼款待接亲的人，并散发红银、利市钱给大家，然后乐队奏乐"催

■ 婚庆茶饼

花轿 也叫喜轿，是传统中式婚礼上使用的特殊轿子。一般装饰华丽，以红色来显示喜庆吉利，因此俗称大红花轿。把轿子运用到娶亲上，最早出现于宋代，后来才渐渐地成为民俗。

■ 古代金帔坠

诗词 指以古体诗、近体诗和格律词为代表的我国传统诗歌。通常认为，诗更适合"言志"，词更适合"抒情"。诗人、词人则需要掌握成熟的艺术技巧，并按照严格韵律要求，用凝练的语言、绵密的章法、充沛的情感以及丰富的意象来高度集中地表现社会生活和精神世界。

妆"，阴阳先生报时辰，催促新娘登车，并有专人念催妆诗词。

女子登车后，抬担子和抬轿子的人，并不马上起步等求发利市钱完毕后才起步。

此时乐队奏乐，一路鼓吹，将新人迎到男家。新娘花轿到了男家门口，乐师、歌伎、茶酒等迎亲的人互念诗词，拦门求利市钱。阴阳先生手执装满谷豆、钱、彩果等物的斗盒，望门而撒，儿童争相拾捡，叫作"撒谷豆"。撒谷豆意在镇压青阳煞这种恶神。

新人下车，一人手捧镜子在前导行，两个亲信女子左右扶持新人前行。新人不得踏地，只能踏在青锦褥或青毡、青布条、花席上行走。新人要跨马鞍，并从秤上走过。

进入中门到一室，当中悬帐，新妇进去坐下，名为"坐虚帐"，或者径直进入房中，坐在床上，称为"坐富贵"。

女家亲戚及送女客人吃完三盏酒后即要退回，意为男家备酒四盏，款待送亲女客，客人吃完三盏而回，又称为"走送"。

新房门前挂彩缎一幅，先将下面剪成碎条状，身穿绿袍、花幞头官服的新郎进门后，众人将碎条争抢而去，叫作"利市缴门红"。

新郎在床前将新妇请出，两家各出彩缎，绾成同心结，称为"牵巾"。男将彩缎挂于笏板上，女则搭于手，男倒走出门，以便两人面可相向。

一对新人并立堂前，然后由男方双全女亲，用秤杆或别的东西挑开新娘的盖头，此时方露新娘面容。男女两人便向众亲行礼。然后女倒行，执同心结牵新郎回房，再坐床。

坐时，女向左、男向右，此时，便有妇女用钱、彩缎、果子撒帐，然后用红绿彩结把两个酒杯连接起来，男女双方各饮一杯，名为"交杯酒"。饮完后，把酒杯一仰一覆放在床下，取大吉大利之意，同时，把男左女右少量头发"结发"，又名"合髻"。

男此时用手取下女头上的花，女则解下男的一个纽扣。然后新人又到中堂行参谢礼，亲朋庆贺，新人又共同参拜公婆尊长，此后，众亲人才入席用礼筵。

次日五更，用桌子装置镜台，把镜子放在上面，新妇望堂展拜，名为"新妇拜堂"。然后拜尊长亲

同心结 一种古老而寓意深长的花结。由于其两结相连的特点，常被作为爱情的象征，取"永结同心"之意。形状一般是两股彩绳绾成连环回文的形式，然后再抽紧而成，后来又发展成为同心方胜，即折叠成扁平条状的两根锦带按同心结的结法编成长方形。

■古代婚庆金钏

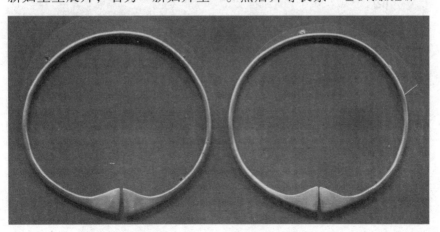

■新娘进门

戚，并以彩缎、巧作、鞋袜等呈现，名为"赏贺"。尊长则要答贺。

　　婚后三日，女家将冠花、彩缎、鹅蛋，另加茶饼、鹅羊、果物等物一起送到男家，称为"送三朝"。

　　新郎新娘在三日或七日、九日到女家行拜门礼，女家广设华筵，款待新婿，名为"会郎"，并要送给女婿一定礼物。"会郎"结束，女家请乐队鼓吹送婿回家。

　　女家在九天内，还要"洗头"。到一月女家还要送弥月礼盒，婿家开筵款谢亲家及亲眷，称为"贺满月会亲"。

　　以上种种，足见宋朝庶民嫁娶礼俗之烦琐，名堂花样多多，反映了当时的婚礼嫁娶习俗。

阅读链接

　　"榜下捉婿"是宋代的一种婚姻文化，即在发榜之日各地富绅们全家出动，争相挑选登第士子做女婿，坊间便称其"捉婿"，宋人笔记对"榜下捉婿"多有涉及。这种"捉婿"习俗蕴含了特定的社会文化内涵，它说明宋时经济崛起，富裕起来的平民阶层渴望跨入上层社会。

　　"榜下捉婿"其实也透露出这样一个信息，即宋代的婚姻观念在发生着重要的变化。对于宋代此种婚姻观念应该辩证地看。较之前代的门第婚而言，宋代的婚姻观念在某种程度上可以说是历史的进步，不过对于后世的论财婚而言也可谓是一种滥觞。

发展和变化中的婚制

元代的法律反映了蒙古游牧民族的传统，其婚书、职业媒妁等实体制度，颇具特色。

元代在我国历史上首次明确规定，建立婚姻关系必须订立婚书，或称嫁娶礼书。婚书上写明议定的聘财数额，如果是招赘女婿，须写清养老或出舍的年限，主婚人、保亲人、媒人须在婚书上签字画押，然后依礼成亲，婚姻关系方才有效。

元代法律规定，只有经基层官吏，地方长老等保荐的信实妇人，才能充任媒妁，并由官方登记在册，严格管理。

这种媒妁的身份是百姓，而不是官方人员，她们从事民间婚姻撮合事务，与先秦有国家公职的媒氏、掌媒不同，与宋代专为宗女而

■ 元代蒙古族婚服

官媒 亦称"官媒婆"。是代表政府行男女婚姻之事的机构，即官方的婚姻介绍所。官方的媒人，古代称作媒官、媒氏、媒互人等，最早出现在西周。其主要工作职责就是掌握全国男女的姓名和出生时间，督促适龄男女结婚。

设立的官媒也不同。后者可称其为职业媒妁。官府对媒妁的管理，其重要内容之一是限定媒钱数额。

赘婿自古即有，但元代民间招婿之风颇盛。元代赘婿一般分为四类：一曰养老，就是始终与妻家聚合；二曰年限，就是归妻宗；三曰出舍，就是与妻家分开居住；四曰归宗，就是年限已满，或妻亡，并离异，可归自己的宗族。

收继婚是蒙古贵族带进的习俗，即未婚男性收娶家族中的寡妇为妻。元世祖忽必烈曾经下旨，宣布了收继婚的合法性。弟收兄妻，多发生在亲兄弟之间，远房兄弟一般不准收继。另外，小叔的收继处分权，只有在寡嫂服丧期终了后才能实现，收继制度也打上了礼教烙印。

礼教对收继婚的影响，还表现在寡妇如守志，不得强娶，但如想再婚，便非就继于小叔不可，也就是说小叔对寡嫂享有法定先娶权。

■寡妇上坟画像

在民间实际收继过程中，其弟收寡嫂的范围已扩大到订婚之寡嫂。元代以前，法律允许寡妇带走原有妆奁，不准寡妇带走的，限于丈夫的遗产或应得的份额。但元代法律正式规定，离婚妇女或寡妇如果再婚，就要丧失原先从父母处得来的妆奁物及其他继承得来的

■ 传统的元代蒙古族婚礼

财产。至于夫家的财产，更是不得带走。

元代婚姻的离异，与唐宋基本相同，主要有休弃与和离两种形式。

明清两代受元代的影响，都有寡妇改嫁者，夫家财产及原有妆奁并听前夫之家为主的规定。这种规定反映了封建社会后期，妇女地位进一步下降的趋势。

明代关于婚姻方面的法律，基本沿用唐宋旧律，但在婚姻关系和违法婚姻适用刑罚上又有所发展与变化。

按唐律，男家自悔者不处刑，明律已与唐律不同，增加了对男家悔婚的处罚，是婚姻立法的进步。府州县亲民官不得于任内娶部民女为妻妾，违犯者杖刑，监临官不得娶为事人妻妾及女为妻妾，违犯者，从重论处。

明律还规定，不得收留在逃女因为妻妾，不得强

元世祖（1215年—1294年），孛儿只斤·忽必烈，蒙古族，元政权的创建者。他在位期间，建立行省制，加强中央集权，使得社会经济逐渐恢复和发展。忽必烈是蒙古民族光辉历史的缔造者，是蒙古族卓越的政治家、军事家。

清代婚礼拜堂场景

占良家妻女为妻妾，否则都要依律治罪。

在违律婚姻上的处刑，明律量刑比唐律略有减轻，如同姓为婚者，唐律规定各徒二年，而明律规定只各杖六十，体现了明律相对唐律而言的"轻其所轻"的原则。

清代婚姻制度，在入关前后有一定的变化。满族贵族入关之后，使清代婚姻制度深层次受儒家伦理道德观念影响，在其全面继承明代婚姻制度的基础上，进一步发展，使之具有自己的特色。

清代入关之前，实行早婚制。入关以后，清承明制，规定男16岁，女14岁为法定结婚年龄。

包办婚姻依然是清代婚姻的基本特征。尊亲长掌握卑幼的主婚权，是秦代法律的规定。在清代，国家法律赋予尊长对卑幼的主婚权，同时也要求主婚权的行使，必须符合国家法律有关规定。对于诸如嫁娶违律、隐瞒残疾、老幼、庶出、过房、乞养等情况，主婚人要承担相应的法律责任。

清以前，家长的主婚权在事实上已经存在，到了清代之时，家长主婚权才得以在法律上明确规定下来。

唐宋以来，法律规定婚约一旦成立，不许悔婚，尤其是对女方而言更是如此。清代规定，婚约一经成就，男女无论任何一方均不得反悔。

婚约约定的主要内容之一就是嫁娶日期，期约未至，男家不得强娶。期约已至，女家不得拖延。若男家强娶或女家故意拖延，主婚人笞四十。男方无故超过婚约约定的婚嫁期限五年不娶，及未婚夫逃亡三年不归者，女方可以另行择配，但须官府对男方情况予以核实并出具证明。婚约可以因一方的犯罪而解除。

婚约之外另有婚书，依清律规定和民间习惯，婚书由男女双方主婚人、媒妁画押。一般情况下，男方之家给予女方的聘礼情况，应在婚书中有所载明。婚书一式两份，男女双方家长各执一份。

聘财是清代婚姻成就的关键要件，《大清通礼》对一至九品官员的婚娶聘礼作了具体规定。

平民百姓婚姻同样有聘财要求，根据民族习俗的不同，聘财的表现形式也不同。

清律对婚姻关系中聘财的规定如此详细具体，表明了在婚姻关系成立过程中，财产所占据的重要地位，封建婚姻的买卖性质昭然若揭。

庶出 在封建宗法制度下，姬妾，或者非正妻的嫔妃所生的孩子叫庶出。姬妾有无名分，其后都是庶出。有名分的妾又称侧室、偏房，她们的存在被家族和社会认可，然而地位与正妻有云泥之隔，无论表现在家族、社会还是死后的待遇上。

《大清通礼》 1772年，清乾隆皇帝弘历下诏，开四库全书馆，次年敕修"四库全书"。本书的出版发行无论是对于历史文献的研究整理，还是对于我国古代历史与思想文化的研究，其积极意义都是不言而喻的。

■ 大清律规定了严格的等级婚姻制度

在夫妻离异问题上，男子始终占据主动地位。清代沿袭前代的"七出""三不去"及"义绝"的离婚条件。但有关"义绝"处理，清律与唐律规定有所不同。

清代"义绝"不仅是已婚的条件，而且订婚后尚未嫁娶的未婚夫妻，也可因"义绝"解除婚约。

在婚姻的禁止方面，清代规定同姓不得为婚。在清代前期，同姓不婚的规定被严格执行。如果出现同姓为婚的情况，不仅对主婚者及男女双方当事人分别处以杖六十的刑罚，而且婚姻无效，必须强制离异。此种情况到清代后期，已基本不复存在。

清律规定，娶同宗五服亲者杖一百；娶缌麻以上亲，各以奸论，处徒至绞甚至斩刑。清律本来也禁止姑表婚，即姑表、姨表兄弟不婚，但因民间相沿成俗，清代不得不作出通融性规定，即"姑舅、两姨姊妹为婚者听从民便"。

清律还规定：良贱不得为婚。清代婚姻注重门当户对。《大清律例·户律·婚姻》"良贱为婚姻"条规定，严禁主人为奴仆娶良人为妻。奴仆若娶良人为妻，将妻入籍为婢者，杖一百；若谎称以奴婢为良人而与良人为夫妻者，杖九十，各离异改正。

阅读链接

每到夏日的夜晚，人们总喜欢抬起头来遥望那条横跨天空的茫茫长河，人们叫它天河或银河，在银河的两边，还能看到明朗的织女星和牛郎星。再仔细看，还能在牛郎星的两边看到两颗闪闪的小星星呢，那就是牛郎挑在箩筐里的一双儿女。

在我国民间，素有七夕乞巧的习俗，乞巧节又称为女儿节、少女节或情人节，而牛郎、织女也就被看成了象征爱情忠贞、婚姻美满的天神。过去许多地方建有织女庙，尤以苏州太仓的织女庙最为闻名，青年男女到织女庙去膜拜，祈求甜蜜的爱情和美满的婚姻。

在我国古代，夫妻结合的"婚礼"二字被写为"昏礼"，属于传统文化精粹之一。古人认为，黄昏是吉时，所以在黄昏行娶妻之礼，故而得名。

昏礼在"五礼"之中属嘉礼，是继男子的冠礼或女子的笄礼之后的人生第二个里程碑。婚姻礼仪包括议婚、订婚和结婚等全部过程的礼仪程式，主要分为成妻之礼和成妇之礼。成妻之礼先为六礼，即纳采、问名、纳吉、纳征、请期和亲迎。在我国古代，解除婚姻关系也形成了一套完整的制度。

婚姻礼俗

月下结绳定婚姻的月老

月老贡像

那是在我国唐代的时候，有一位名叫韦固的人，有一次，他到宋城去旅行，住宿在南店里。唐代的宋城就是现在的河南商丘。

这天晚上，韦固在街上闲逛，看到月光之下有一个老人席地而坐，正在那里翻一本又大又厚的书，而他身边则放着一个装满了红色绳子的大布袋。

韦固很好奇地过去问他说："老伯伯，请问你在看什么书呀！"

那老人回答说："这是一本记载天下男女婚姻的书。"

韦固听了以后更加好奇，就又问说："那你袋子里的红绳子，又是做什么用的呢？"

老人微笑着对韦固说："这些红绳是用来系夫妻的脚的，不管男女双方是仇人或距离很远，我只要用这些红绳系在他们的脚上，他们就一定会和好，并且结成夫妻。"

韦固听了，自然不会相信，以为老人是和他说着玩的，但是他对这古怪的老人，仍旧充满了好奇。当他想要再问他一些问题的时候，老人已经站起来，带着他的书和袋子，向米市走去，韦固也就跟着他走。

到了米市，他们看见一个盲妇抱着一个3岁左右的小女孩迎面走过来，老人便对韦固说："这盲妇手里抱的小女孩便是你将来的妻子。"

韦固听了很生气，以为老人故意开他玩笑，便叫家奴去把那小女孩杀掉，看他将来还会不会成为自己的妻子。家奴跑上前去，刺了女孩一刀以后，就立刻跑了。当韦固再去找那老人算账时，却已经不见他的踪影了。

光阴似箭，转眼14年过去了，这时韦固已找到满意的对象，即将结婚。对方是相州刺史王泰的掌上明

■ 月老塑像

米市 我国的"四大米市"是在旧时农业商品经济不发达过程中产生的，对促进当时的粮食生产、流通起到了积极的作用，对于当地的社会发展、农民生活和商业经贸有很大的提高。无锡、长沙、芜湖、九江作为四大"米市"，有着共同的沿江交通便利、粮食生产丰富和商贸流通发达的优势。

月老雕像

刺史 职官，汉文帝以御史多失职，命丞相另派人员出刺各地，不常置。汉武帝始置，"刺"，检核问事之意。刺史巡行郡县，分全国为十三部州，各置部刺史一人，后通称刺史。刺史制度在西汉中后期得到进一步发展，对维护皇权，澄清吏治，促使昭宣中兴局面的形成起着积极的作用。

珠，人长得很漂亮，只是眉间有一道疤痕。韦固觉得非常奇怪，于是便问他的岳父说："为什么她的眉间有疤痕呢？"

相州刺史听了以后便说："说来令人气愤，14年前在宋城，有一天，保姆陈氏抱着她从米市走过，有一个狂徒，竟然无缘无故地刺了她一刀，幸好没有生命危险，只留下这道伤疤，真是不幸中的大幸呢！"

韦固听了，愣了一下，14年前的那段往事迅速地浮现在他的脑海里。他想：难道她就是自己命仆人刺杀的小女孩？于是便很紧张地追问说："那保姆是不是一个盲妇？"

王泰看到女婿的脸色有变，且问得蹊跷，便反问他说："不错，是个盲妇，可是，你怎么会知道呢？"

韦固证实了这件事之后，真是惊讶极了，一时间答不出话来，过了好一会儿才平静下来，然后把14年前在宋城遇到月下老人的事，全盘说出。

王泰听了，也感到惊讶不已。

韦固这才明白月下老人的话，并非开玩笑，他们的姻缘真的是由仙人做主的。

结婚以后，韦固夫妇俩更加珍惜这段婚姻，过着恩爱的生活。

这件事后来传到宋城，当地的人为了纪念月下老人的出现，便把南店改为"订婚店"。

由于这个故事的流传，使得大家相信男女结合是由月下老人系红绳，加以撮合的，所以，后人就把媒人叫作"月下老人"，简称为"月老"。

月下老人以赤绳相系，确定男女姻缘，反映了唐人姻缘前定的观念，是唐人命定观的表现之一。唐人以为，人的命运，不是自己可以确定和改变的，所谓"天下之事皆前定"，"人遭遇皆系之命"，"人事固有前定"。

唐人的这种前定观念，当然也表现在婚恋方面，"结缡之亲，命固前定，不可苟求"，"伉俪之道，亦系宿缘"。

月老形象的出现，正是这种命定观在婚恋中的艺

■ 月老神像

术化、形象化。唐人小说中就有类似的形象，如唐肃宗时的进士戴孚在《广异记·阎庚》中，就曾经记载道：

> 仁亶见其视瞻非凡，谓庚自外持壶酒至，仁亶以酒先属客，客不敢受，固属之，因与合欢。酒酣欢甚，乃同房而宿。中夕，相问行礼，客答曰："吾非人，乃地曹耳，地府令主河北婚姻，绊男女脚。"仁亶开视其衣装，见袋中细绳，方信焉。

这里自言为地曹的"客"，即是"主河北婚姻"者，同样是通过以袋中之绳"绊男女脚"的方式，确定世间男女姻缘。可见，在唐代，婚姻前定、主于地府冥司是普遍流行的观念。世间男女之所以能成为夫妻，是由于地府冥吏以绳相系，是冥冥之中的命运安排。

不过月老于月下结绳以定婚姻的形象，更具诗意，因而流传更广，遂成为故事，月下老人也因此成为民间家喻户晓的婚姻之神。

阅读链接

在我国古代，潮神也曾被人们视为婚姻之神。明代文学家冯梦龙在《警世通言》第23卷《乐小舍拼生觅偶》中，就曾写了一个潮神促成婚姻的故事，因此，潮神也是人们崇拜的婚神之一。

《乐小舍拼生觅偶》中说，乐和与顺娘自小同窗，情意相笃，私下结为夫妇，但由于两家门户不当，一直未能正式议亲。乐和听闻潮王庙有灵，就偷偷买了香烛果品前去祭祀，祈祷潮王让他与顺娘能成伴侣。

一次观潮时，顺娘被潮水卷入江中，乐和情急之下也跳下江去，两人被潮王救上江岸，终于结成眷属。

媒人的出现和各种称谓

051

演化形式

婚姻礼俗

在我国的传统婚姻中，从提亲、订婚，最后到促成结婚，都少不了媒人的参与，只有通过"媒妁之言"，男女双方才能共结连理、结秦晋之好，婚姻才能合乎礼教和道德。"天上无云不下雨，地上无媒不成双"这句民谚，反映了媒人在我国传统婚姻制度中所扮演着的重要角色。

媒人起源于何时，史料中并没有明确的记载，揆之情理，媒人应当是人类婚姻由群婚制向一夫一妻制演变后的产物。

夏商时的媒人并不称为"媒"或"妁"，而是以"使"为媒。在殷墟的甲骨文中，就发现多

■ 戏曲中的媒人形象

■ 媒人正在主持婚庆

有使者议婚的卜辞，如"己口卜，使人妇伯""来妇使"。前者大致说男方使者往女方，与其家族之长伯议娶女事；后者则为女方使者来说合嫁女。

在古代文献中，最早记载媒人的作品就是《诗经》。如《豳风·伐柯》说：

伐柯如何？匪斧不克。
娶妻如何？匪媒不得。

意思是说，怎样才能砍下大的树枝？不用斧头砍不断它。怎样才能娶到妻子？没有媒人成不了婚。

这说明早在周代，媒人就已成为婚姻的要件了。后来，便称媒人为"伐柯"或"伐柯人"，称做媒为"执柯"。如宋代吴自牧《梦梁录·嫁娶》中记载说："其伐柯人两家通报，择日过帖。"

甲骨文 又称"契文""甲骨卜辞"或"龟甲兽骨文"，主要指中国商朝后期王室用于占卜记事而在龟甲或兽骨上镌刻的文字，是我国已知最早的成体系的文字形式，它上承原始刻绘符号，下启青铜铭文，是汉字发展的关键形态。

在婚姻形式上，民间实行的不只是一种以男女相悦为基础的自主婚姻，以一夫一妻制为标志的聘娶婚姻正逐渐被人们所接受。聘娶婚姻，既是上层社会政治联姻的结果，也是规范下层社会婚嫁的需要，因而成为当时社会的一种发展趋势。

自周代以后，通过媒人缔结婚姻已逐渐成为一种风俗，明媒正娶已为广大民众所认可。《孟子·滕文公》说：

> 不待父母之命，媒妁之言，钻穴隙相窥，逾墙相从，父母国人皆贱之。

史书无媒而遭讥耻的例子很多。如鲁桓公无媒而娶于齐，季姬无媒自嫁于鄫子，遭经传讥耻，太史氏女自嫁于齐王子法章，虽贵为王后，其父仍深恶痛绝。这些例子都说明媒人有不可缺少的作用。

《豳风》《诗经》十五国风之一。"豳"同"邠"，古都邑名。"风"的意义就是声调。它是相对于"王畿"而言的。它是带有地方色彩的音乐，古人所谓《秦风》《魏风》《郑风》，《豳风》共有诗7篇，其中多是描写农家生活、辛勤劳作的情景，是我国最早的田园诗。

053

演化形式

婚姻礼俗

■ 婚庆媒婆蜡像

■《莺莺传》插图

随着华夏文化的不断丰富和发展，对于媒人的称谓也逐渐多起来。据唐房玄龄等人合著的《晋书·索忱传》记载：孝廉令狐策做了一个梦，梦见自己走在冰湖之上，竟同冰下的人说话，不觉赫然惊醒。

有占卜人解释这个梦认为，能站在冰上和冰下的人说话，这象征着做梦者在调和阴阳，调和阴阳就是做媒介，寓意将会给别人做媒。但这媒很不容易做，要用做梦者的热情把冰融化了，男女双方才能成婚。

就这样，"冰人"做媒一事便不胫而走。此后，"冰人"便成了"媒人"的别称，给人做媒也叫"作冰"。

媒人在婚姻的缔结过程中起着重要的作用，成就了一段段良缘。因此，在媒人行业几千年的发展史中，不乏许多著名的媒人传说，他们的故事在后世广为流传。

比如，蹇修和红娘，据说蹇修是古代的贤媒，很善于为人做媒。语出屈原《离骚》：

吾令丰隆乘云兮，求宓妃之所在；
解佩纕以结言兮，吾令蹇修以为理。

王逸《楚辞章句》注说："蹇修，伏羲之臣也。理，分理也，述

礼意也。使古贤謇修而为媒理也。"由此，后人将媒
妁也称作"謇修"。

红娘原为唐代文人元稹传奇小说《莺莺传》中的
一个人物，她是崔莺莺的婢女。在张生与莺莺产生爱
慕之情以后，张生曾向红娘倾诉衷肠，得到了她的同
情。红娘给张生出主意，要他以情诗打动莺莺，莺莺
果然以诗相和。

起初莺莺还难以从礼教的束缚中彻底摆脱出来，
表现得十分犹豫动摇。在红娘的帮助下，莺莺终于毅
然投入张生的怀抱，与之私下结合。

崔莺莺靠着红娘的帮助得到勇气，张生则在红娘
那里得到智慧，而老夫人却因红
娘的机智不得不退却让步。红娘
成为促成崔莺莺与张生婚姻的关
键性人物。此后，红娘遂成为帮
助人结成美满婚姻的"媒人"的
代称。

民间传说中的另一位婚姻神
是氤氲大使。宋代陶毅笔记小说
《清异录》中记录了一个氤氲大
使的故事。

有一个叫朱起的青年爱上了
一个叫宠之的女子，然而两个人
要相爱，却障碍重重，朱起因此
郁郁寡欢，神思恍惚。一天他送
来访的朋友，直送到了郊外，和

《楚辞章句》
《楚辞》的注
本，东汉王逸注。
《楚辞》为西汉
刘向所辑，原为
16卷，王逸增入
己作《九思》
一卷，改编为17
卷。书中对《楚
辞》各篇作了文
字注解，记述了
各篇的创作由来
和作者经历。是
《楚辞》最早的
完整注本。

■红娘蜡像

朋友分手后便独自一人回家。

朱起在路上遇到一个身着青巾短袍、挑着药篮的道长。道长对他看了又看，走近他身旁，对他说道："郎君亏得遇我贫道，否则危矣。"

朱起听他这样一说，不禁吃了一惊，即刻下马作揖，问个究竟。道人说："你有心事，请跟我直说，我可以给你解难。"

朱起便把他和宠之的事告诉了道长，那道长叹道："世上的男女姻缘，都由缱绻司总揽，那儿的长官叫氤氲大使。有缘分的男女，要下了鸳鸯牒才会成功。我把你的事跟他说去。"

分手时，青巾道长从篮子里取出一把扇子，对朱起说："这把扇子叫坤灵扇，你去探望宠之时，只要以扇遮面，人家就看不见你了。自此以后，你们七日可得一见，15年而止。"

朱起回去后，试用道长教他的方法，果然灵验，从此和宠之相会，来去无阻。15年后，宠之病逝。

这个故事传播以后，人们对氤氲大使的膜拜就更虔诚了。氤氲大使似乎比月老更近人情，月老系定的"结婚结"不容更改，氤氲大使却还容人说情，似乎显得更富同情心。

阅读链接

仡佬族在姑娘出嫁吉日，新郎家派两个后生和媒人一起来新娘家接亲，这时，女家的长辈、兄弟、姐妹和亲戚便异口同声大骂媒人，俗称"骂亲"，骂了媒人既提高了新娘的身份，据说还吉利，所以当母亲的便把媒人骂得狗血淋头。此时的媒人只好作哑装聋，任由对方骂个痛快。

骂媒是哭嫁中必不可少的节目，也是最具反抗色彩的哭嫁歌词。古代妇女无婚姻自由可言，平时对于自己的终身大事几乎不能置一词，全由媒人和父母做主；因此，这登花轿之前的"骂媒"，便是难得的发泄机会。这早已反映在戏曲和民间说唱等艺术之中。

媒人中的官媒私媒之分

　　我国古代的媒人有官媒和私媒之分。官媒古称"媒官""媒氏"等，从国家领取一定的俸禄，执行公务。官媒制度早在周代就已出现，据《周礼·地官·媒氏》记载：

　　　　媒氏掌万民之判，凡男女自成名以上，皆书年、月、日、名焉，令男三十而娶，女二十而嫁……仲春之月，令会

■古代婚礼雕刻

■ 婚礼上的媒婆

男女，于是时也，奔者不禁，若无故而不用令者，罚之。司男女之无夫家者而会之。凡嫁子娶妻，入币纯帛无过五两。禁迁葬者嫁殇者。凡男女之阴讼，听之于胜国之社，其附刑者，归之于土。

孟元老 号幽兰居士，开封市人。宋代文学家。据《宋会要辑稿》及苏辙等人著作，可知他是北宋保和殿大学士孟昌龄的族人孟钺，曾任开封府仪曹，于南宋1147年撰成《东京梦华录》，自作序。该书在我国文学史上有一定的影响。

从中可以得知媒婆的具体职责，一是记录新生婴儿的出生年月和姓名，二是通令成年男女要按时结婚，不可逾期，三是每年二月农忙之前，督促青年适龄男女及时结婚，在这个时候，婚礼不齐备的也可以结婚。

还有就是要监督婚礼中的财务开支并主管婚姻诉讼案，惩罚那些违法者。这是我国历史上有关官媒制度的最早和最完备的记载。《管子·入国篇》中这样描述春秋战国时代的官媒：

凡国皆有掌媒。丈夫无妻曰鳏，妇人无夫曰寡。取鳏寡而合和之，予田宅而家室之，此之谓合独。

可见当时的官媒，除了为年轻人安排嫁娶，还要帮助鳏夫寡妇重新组织家庭，并整合他们的财产。自秦至清，官媒的权力仍然很大。

西周、春秋时期，政府重视婚姻中媒人的作用，并为此而设置专门的机构掌管其事，媒人便被赋予了代表官方意志、执行婚姻制度的角色价值。官媒发展到宋代，有了等级的划分。

据孟元老《东京梦华录》载：

其媒人有数等，上等戴盖头，着紫褙子，说官亲宫院恩泽，中等戴冠子，黄包髻褙子，或只系裙手，把青凉伞，皆两人同行。

这种分级不仅反映在说媒的对象上，还反映在穿着服饰、人数等

媒人蜡像

■ 古代婚房

衙门 旧时称官署为衙门。其实衙门是由"牙门"转化而来的。衙门的别称是六扇门。猛兽的利牙，古时常用来象征武力。"牙门"系古代军事用语，是军旅营门的别称，营中还出现了旗杆端饰有兽牙、边缘剪裁成齿形的牙旗。于是，营门也被形象地称作"牙门"。

方面。有专门的服务对象，并以特有的服饰做等级之标志，这是媒人高度职业化的最明显特征。据《宋史》记载：

> 应婚嫁者委主婚宗室，择三代有任州县官或殿直以上者，列姓名、家世、州里、岁数奏上，宗正司验实召保，付内侍省宣系，听期而行。嫁女则令其婿召保。

这里的保，就是媒保，即专门为宗室婚姻服务的宫廷职业官媒。宋代媒人高度职业化与其时商品经济的发展和社会风气的转变有关。

宋代是我国社会经济文化发展的重要历史时期，城市的迅猛发展、商品经济的高度繁荣，使新兴的市民阶层地位日益上升。市民阶层浓厚的金钱意识渗透到了包括婚丧嫁娶在内的社会生活的各个领域。

宋代缔结婚姻更加注重对方的财产。但最终要使两家达成协议，就需媒人从中斡旋说合，这就使媒人的地位和作用进一步突出，成为其走向高度职业化的一个催化剂。

到了元明清时期，官媒则是指在衙门中登记认可的媒婆，其身份同衙役一样，主要是管女犯人的婚配；或者是婚姻发生纠纷，在堂上发落婚配，找官媒解决，等等。元《典章》中载："媒妁由地方长老，保送信实妇人，充官为籍。"

官媒除了完成官府交代的婚配事务外，同时还为本地私人的婚嫁做婚姻中介。

如元代关汉卿的杂剧《玉镜台》中，一官媒婆说："自家是个官媒，温学士着我去老夫人家说知，选吉日良辰，娶小姐过门。"这是温峤利用官媒为自

《玉镜台》全名《温太真玉镜台》，元代关汉卿作。写温峤以玉镜台为聘物骗娶表妹刘倩英，婚后夫妻不和，经人调解终于和好。全剧共四折。现存版本有：明脉望馆藏《古名家杂剧》本、《元曲选》甲集本、《柳枝集》本、《元曲大观》本、《元人杂剧全集》本。

061

演化形式

婚姻礼俗

■婚庆用酒

■ 婚庆乐队

俸禄 我国古代朝
廷按规定给予各
级官吏的报酬，
主要形式有土
地、实物、钱币
等。我国古代俸
禄制度的发展可
分为三个时期。
商周时期因官职
同爵位相一致，
并且世代相袭，
俸禄实际上是封
地内的经济收
入。即俸禄表现
为土地形式。春
秋末期至唐初主
要以实物作为官
吏的俸禄。唐初
以后，主要以金
银钱币作为官吏
的俸禄。

己择妻。

再如《清会典·事例》852条载："斩绞监候妇
女，秋审解勘经过地方，俱派拨官媒伴送。"

我国古代的私媒是为民间婚姻缔结服务的人员，
其不在政府登记造册，不领取国家的俸禄。私媒的起
源比官媒早，早在父系氏族时代就已存在。

私媒可分为两类，即职业媒人和非职业媒人。以
说媒为生的职业媒人，其说合婚姻之目的，主要是为
了谋取一定的财物，是属于"又吃又喝又拿"的那
种私媒。如在《警世通言》第13卷《三现身包龙图断
冤》中描写道：

押司娘和迎儿在家作地，只见两个妇
女，吃的面红颊赤，上手的提着一瓶酒，下
手的把着两朵通草花掀开布帘入来到："这
里便是。"押司娘打一看时，却是两个媒

人，无非是姓张姓李。

媒人吃得"面红颊赤"，可见是刚从某家吃酒回来，另外两位媒婆手里还提着东西，显然也是有求于她们的人家所送。这段文字所描述的两个媒婆应该是专职媒婆，她们既吃且拿，收入颇丰。

非职业媒人，是有其他糊口的职业，兼为他人说媒，另挣一些说媒礼金的人。这类人在明清小说中很常见，如《醒世恒言》第14卷《闹樊楼多情周胜仙》中的王婆，就是这种类型的媒婆。书中这样介绍她：

> 王婆唤做王百会与人收生，做针线，做
>
> 媒人，又会与人看脉。

王婆既替人接生又帮别人做针线，同时还会治

《警世通言》
白话短篇小说集。明末冯梦龙纂辑。始刊于1624年。其题材或来自民间传说，或来自史传和唐、宋小说。有些是宋元旧作，有些是明人拟作，故事产生的时代包括宋、元、明三代。与《喻世明言》《醒世恒言》一起合称《三言》，是最重要的我国古代白话短篇小说集之一。

■迎亲队伍

病，这样，她就有很多机会接近各家的女眷，接生这一职业也使她知道各家小孩的生辰，也便于她做媒，王婆是私媒中一个最具代表性的典型。

在非职业媒人中，除了收取一定数量礼金的兼职媒人外，还有一些完全是为了成人之美而不计报酬的临时媒人。此类人员品类复杂，上至帝王，下到山野草民的各色人等都可能充当。

媒人可以是帝王，如"绍兴间，黄公度榜第三人陈修"，由于解试赋对得好，"高宗亲书此联于幅纸，粘之殿壁。及唱名"，又闻陈修73岁尚未婚娶，所以"乃诏出内人施氏嫁之。年30。资奁甚厚"。

媒人也可以是官吏，如"杜祁公少时客济源，有县令者能相人，厚遇之"，在祁公的妻子死后，县令便为其临时做媒，"相里女子当作国夫人矣"。

媒人还可以是亲友，如苏东坡就曾亲自做媒，把自己的妹妹嫁给了好朋友词人秦观。

老师同样也可以充当媒人的角色，而且古代老师做媒的事较为普遍。老师对学生的兴趣、爱好、特长、脾气最为了解，做起媒来更有的放矢，而深得学生信赖，成功率较高。

阅读链接

元人尚仲贤所写的杂剧《海神庙王魁负桂英》中，将海神和婚姻爱情联系到了一起。

《海神庙王魁负桂英》取材于宋代民间传说，说桂英深爱书生王魁，资助他安心读书，进京赴考，但王魁得中状元以后，贪图荣华富贵，终将桂英抛弃而另攀高门。王魁进京赶考前，曾和桂英双双到海神庙赌誓，后来王魁变心，桂英满腔悲愤，自杀前又到海神庙中，向海神控诉王魁的薄情负心。显然，民间曾将海神看作能对婚姻爱情做出公正裁决的神。

民间婚礼中的膜拜神

民间婚礼中有许多的膜拜神，如天君、地司、和合二仙、轿神、灶神、床神等。按我国传统习俗，行婚嫁大礼时定要膜拜天君、地司。

天的高不可攀和无所不包，地的无比深厚和无处不在，给人们留下了极其深刻的印象。

春去冬来，花开花落，人世间的男男女女来了又走，走了又来，更迭了一辈又一辈，然而，天地却永无止日，永不衰老。难怪痴情男女总要将自己的爱情以"地老天荒"为誓言。

■婚庆拜天地仪式

五谷 古代所指的五种谷物。"五谷"在古代有多种不同的说法，最主要的有两种：一种指稻、黍、稷、麦、菽；另一种指麻、黍、稷、麦、菽。两者的区别是：前者有稻无麻，后者有麻无稻。古代经济文化中心在黄河流域，稻的主要产地在南方，而北方种稻有限，所以五谷中最初无稻。

天主宰日月星辰在天上运行，昼夜阴暗按序更替，风暴雷电从天而降，天似乎掌握着世间的一切运动变化，神秘莫测。

高山大海由大地负载，草木五谷由大地萌发，飞禽走兽由大地抚育。凡此种种，都使人感受到天地的无比威力，人们敬仰它，且被它慑服。

人类社会早期，人们无法解释大自然的种种奥秘，便将对人类自身的粗浅认识转化成了对自然的认识，这样便产生了一个人格化的天和一个人格化的地。人格化的进一步发展，就创造出了一个在天堂里主宰着天上和人间一切事务的至高无上的神，即天公和一个主宰着地上祸福的神地母。天君、地司，就是民间对天公、地母的称呼。

婚礼中对天君、地司的膜拜，具有多重意义：

■古代迎亲队伍

■ 古代婚礼拜天地仪式

一是希望婚姻爱情像天地一样永恒不变。

二是请天地作婚姻的见证，表示婚姻大事的庄重严肃。

三是认为天地能洞悉人间一切，能赏善罚恶，向天地膜拜，是请天地来检查，如谁背叛了这婚姻，就让天地来惩处，表达了对婚姻爱情的忠贞不二。

天地是我国民间婚礼中必不可少的膜拜对象，因此"拜天地"就被用作了婚礼的代称。

在苏南地区，特别是苏州人举行婚礼时，喜堂正面的墙上一定要悬挂和合二仙的画像。二仙的形象是两个胖乎乎的男孩，蓬头笑面，一个手持荷花，一个捧着圆盒。

苏州人认定，和合二仙就是枫桥寒山寺的寒山、拾得二僧。民间传说他俩原居北方偏远乡村，虽为异姓，却亲如兄弟。后来，寒山与拾得同时爱上了一个

天公 据我国古代《神册》记载，天公乃是道家始祖，天庭五祖之一，主掌自然万道的自然之尊，已知自然之至尊之一。我国古代一些地方拜天公仪式，比大年除夕迎新春、接财神更热闹，更隆重，祭拜仪式过后，大家吃一顿丰富的年餐，以示团圆、吉祥。

■ 古代婚礼厅

神龛 放置道教神仙塑像和祖宗灵牌的小阁。神龛的大小规格不一，依祠庙厅堂宽狭和神的多少而定。大的神龛均有底座，上置龛，敞开式。祖宗龛无垂帘，有龛门，神佛龛座位不分台阶，依神佛主次，作前中后，左中右设位。祖宗龛多为竖长方形，神佛龛为横长方形。

女子，却相互并不知晓，待到临近婚期才真相大白。

在这种情况下，善良的寒山便弃家出走，来到苏州枫桥镇，削发为僧，结庵修行。

拾得知寒山良苦用心，便也舍下恋人，到处寻觅寒山，后来听说寒山在苏州枫桥，便也到了枫桥镇。他折了一枝盛开的荷花前去会面。

寒山见拾得到来，兴奋不已，连手里捧着盛放斋饭的圆盒也来不及放下，就迎了出去。两人相见，不禁大喜，相向而舞。拾得于是也入了空门当了僧人。

在寒山寺里还一直保存着一块青石碑，上面刻着他俩的画像和名字。老百姓称之为"荷盒二仙"。

"和、合"实为"荷、盒"谐音，苏州人将他们视为夫妻和合之神，作为婚礼时膜拜的对象。苏州人结婚，一定要拜天地与"和合"。拜天地以示庄重，拜"和合"祈求夫妻情感笃厚，和谐好合。

过去迎娶多用轿，新娘要坐了轿，就开始了一种全新的生活，夫家则将由花轿迎来一名新的家庭成员，嫁娶人家就有了祭祀轿神之举。古时候的婚姻让大家心中都充满了对未来莫名的紧张和恐慌，这种紧张和恐惧很自然地就转换成了对各种神灵的祭祀和膜拜，对轿神的祭祀便是其中之一。

灶神，又叫灶君、灶王。过去烧饭、煮菜多用灶，一般人家的灶头上边、烟道前面，都有一个小小的神龛，神龛里就供着灶神的神位。灶神在汉代以前，曾和火神混而为一。

灶最根本的功能是以火煮食。人类利用火来烧煮食物之初，恐怕并无专门的灶具，因此灶和火的概念是很难分清的。据古书记载，灶神原是女性，从中似乎可以窥见母系氏族的影子，也说明灶神信仰是十分古老的习俗。到了汉代以后，灶神的职能已经从掌饮

■ 古代婚床

食演变为主祸福了。

据说，灶神每年都要上天向玉皇大帝汇报所在人家的善恶，玉帝就根据灶神的汇报，对每个家庭进行奖惩。因此，对这样一位事实上掌管着一家祸福的灶神，人们当然不敢掉以轻心。迎娶新人，请喝喜酒，当然不会忘掉他。对他进行祭祀，也无非是希望他能对新婚夫妇多多关照，消祸降福。

喜床是婚后睡眠和过夫妻生活的重要所在，事实上古人也知道性生活的和谐与否，常常直接关系到婚后夫妻感情和家庭的安宁，因此传统婚礼中有祭祀床神的习俗。据说，床神有两位，即床公、床婆。

俗有所谓"男茶女酒"之说，以为床公喜茶，床婆好酒，所以祭祀时要供土茶酒果饼。人们认为，祭祀了床神，"床笫之私"就能安泰快乐，婚姻久长，当然也可高枕无忧了。

过去的婚姻嫁娶制度，难免会使人有许多的忧虑，现实的担忧和期望，民间婚礼中对各种神的膜拜，使这种古老的习俗得以延续。

阅读链接

相传朱元璋小的时候，家里很穷。一天，朱元璋的母亲正在做饭，突然有一只喜鹊闯进来，叫道："朱家天下万万年！朱家天下万万年！"朱母生气道："什么万万年，不要开我们的玩笑。我看哪，有个二百七十六年就不错了。"朱母一边说，一边生气地用勺子敲打灶台，以赶走喜鹊。

这时，被朱母敲得鼻青脸肿的灶神现身了。他无奈地对朱母说："朱老妈呀，老天爷让你们朱家天下万万年就是万万年了嘛，你干吗还生气呀？现在好了，你说二百七十六年就只有二百七十六年啦。"

后来，明王朝果然只存在了二百七十六年。

六礼制度下的明媒正娶

在盘古开天辟地之后，人皇氏成为最早的帝王之一，也就是从人皇氏时开始，规定了夫妇之道。

至伏羲氏时代，原始的畜牧业迅速发展，人们和睦相处，一片太平景象，但是最让伏羲伤脑筋的是在当时出生的婴儿中，经常会有畸形儿出现。后来经过长时间的观察，伏羲惊讶地发现，这与当时存在的男女群婚、乱婚有关。

为了避免这种现象发生，提升族人生存力量，伏羲制定了男女对偶制度"制嫁娶"。他定姓氏，以防止乱婚和近婚，实现了中华民族从愚昧走向文明的跨越。

■ 古代俪皮

俪皮 成对的鹿皮。古代用为聘问、酬谢或订婚的礼物。作为礼物的鹿皮一定要赠送两张。两是偶数之始，象征好事成双，所以夫妇又称"伉俪"。以"俪皮"作为订婚时必备的礼物，这种习俗被长期保存了下来，从"二十四史"来看，最晚在《新唐书·礼乐志》中还有记载。

同时，伏羲还规定"以俪皮为礼"，并逐渐形成了嫁娶风俗，使得嫁娶成为一件重大而有意义的事情。

后来，嫁娶制度进一步发展和完善，逐渐形成了"六礼之仪"。正如唐代史学家杜佑所说：

> 五帝驭时，娶妻必告父母；夏时亲迎于庭；殷时亲迎于堂；周制，限男女三年，订婚时，六礼之仪始备。

婚嫁是人生的一件大事，也是人生中的喜庆之事，自古以来对整个婚嫁过程中的礼仪，尤其是男女合婚极为看重，认为稍有疏忽就会影响到人生乃至宗族的发达昌盛。所以，在婚嫁的过程中，言论和行动都具有浓厚的择吉取向。

■ 提亲用的礼箱

"六礼"是我国古代婚姻仪礼，是从议婚到完婚的手续与过程，也是婚礼前最重要的一部分礼仪。儒家经典《仪礼·士婚礼》中记载的"六礼"内容是：

> 请媒提亲谓之纳采。询问女方名字及出生年月谓之问名，俗称讨八字。男方将占卜的吉兆告诉女方家谓之纳吉。

婚约成立，正式送聘礼谓之纳征。男方择定婚期，通知女家求其同意，谓之请期。新郎亲自迎娶谓之亲迎。六礼多行于贵族，民间则从简。

古代婚姻的娶亲程式的六种礼节在周代时即已确立，以后各代嫁娶的名目和内容虽然都有所更动，但是基本上都沿袭了周礼。至清代末期，六礼演变纷繁，也就逐渐衰落了，但是对后世的新婚礼仪式有很大的影响。

纳采为六礼之首礼。男方欲与女方结亲，请媒妁往女方提亲，得到应允后，再请媒妁正式向女家纳"采择之礼"。古纳采的礼物只用雁。纳采是全部婚姻程序的开始。后世纳采仪式基本循周制，而礼物另有规定。清代的纳采多为订婚礼，与历代不同。

后世纳采的礼物都有象征意义。民俗中将这些具有象征意义的礼品分为四大类。

第一类表示吉祥，像以羊代"祥"，以鹿代"禄"；第二类是夫妻好合的祝吉物，如胶漆的和谐，凤凰的合俪，鸳鸯的和鸣；第三类象征以男性为主的夫妇关系，如以雁候阴阳喻妻从夫，以蒲苇喻妇女的柔顺，以附生于山顶、屈从成性的卷柏喻妇女的服从；第四类是表示一般德行的，如舍利兽廉而谦，

■ 古代纳采礼品

凤凰 被视为神鸟。用于比喻有圣德之人。它是原始社会人们想象中的保护神，经过形象的逐渐完美演化而来。它头似锦鸡、身如鸳鸯，有大鹏的翅膀、仙鹤的腿、鹦鹉的嘴、孔雀的尾。居百鸟之首，象征美好与和平。也是古代传说中的鸟王，雄的叫凤，雌的叫凰，通称为凤凰。是封建时代吉瑞的象征，也是皇后的代称。

■ 民间婚礼饰物

生辰八字 也叫八字，其实是《周易》术语"四柱"的另一种说法。四柱是指人出生的时间，即年、月、日、时，并用天干和地支有机相配而成，如甲子年、丙申月、辛丑日、壬寅时等，包含了一个人出生时的基本信息。每柱两字，四柱共八字，所以算命又称"测八字"。

受福兽体恭心慈，乌鸦反哺和孝顺等。

问名是"六礼"中第二礼，即男方遣媒人到女家询问女方姓名，生辰八字。取回庚帖后进行占卜，看是否合八字。问名之后，男女家双方要交换"草帖子"，也就是互相通告各自的情况。

问名也携礼物，古礼也用雁，大概纳采、问名是一次进行的，后世的纳采、问名就是这样的。

男女两家收到八字以后，都要请算命先生来"批八字"，看看男女当事人的相性如何，如果相性好婚事就继续进行，不好就免谈。假如一切都很顺利，这门婚事才能进入正题，也就是开始谈论聘金和嫁妆。

关于婚龄，民间有一些俗规禁忌。男女年龄是不能超过正常婚龄太多的，假如婚龄超过太多，就会有嫌疑了。此外，还有生肖方面的禁忌。古人阴阳等信仰观念极重，有五行相生相克之说，又有属相相合相冲之说。一事不合，婚事便没有成功的希望。

纳吉是"六礼"中的第三礼，是男方问名、合八字后，将卜婚的吉兆通知女方，并送礼表示要订婚的礼仪，古时，纳吉也要行奠雁礼。

在行纳吉礼时，定聘的定金必须是偶数，外边包上红纸，俗称"红包""喜钱"或"定钱"。定礼也都要成双成对，忌讳单数。

　　礼单、礼帖，上边的字数也要成偶数，忌单数。如"一头猪"要写成"全猪成头"，"一盘菜"要写成"喜菜成盘"，等等。这些都是为取意"双双对对，万年富贵"，以象征新婚夫妻婚姻是美满的。在定聘时，忌讳说"重"字和"再"字，总之忌单喜双。讳"重"讳"再"的禁忌习俗，都是表达对美好姻缘的愿望。

　　纳征也叫纳成、纳币，是"六礼"中的第四礼，就是男方向女方送聘礼。男方是在纳吉得知女方允婚后才可行纳征礼的，行纳征礼不用雁，是"六礼"唯一不用雁的礼仪，可见古人仪礼之分明。

　　历代纳征的礼物各有定制，民间多用首饰、细帛

嫁妆　妇女在结婚时带到她丈夫家里的钱、物。亦称"陪妆""妆奁"。发送后，女方即准备嫁妆，某些大户人家当女儿出生时还特地酿酒，装入酒埕，埋在灶口地坑，称"女儿红"，待出嫁日，让亲友分享。嫁妆贵贱悬殊，厚薄不一。

■抬聘礼

■ 女方婚庆准备的
被子

属相 又叫生肖。
是我国和东亚地
区的一些民族用
十二地支与十二
种动物相配合来
记人出生年份，
如卯年出生则属
兔。属相的一轮
周期为12年。属
相广泛流行于亚
洲各民族和东
欧、北非的某些
国家之中。

等项为女行聘，谓之纳币，后演变为彩礼。

旧时，纳征之礼非常隆重，男方往往借此机会荣耀门庭。盛大的纳征礼通常备有礼单，礼品装入箱笼，或挑或抬，走街串巷，燃放鞭炮，吹奏鼓乐，在媒人、押礼人的护送下送至女家。

聘礼中各样物品要取吉祥名称，数目也要忌单喜双。中原一带的习俗中，女方收聘礼时，不留公鸡，并配回一只母鸡。母鸡要活的，而且忌白色的。回礼之后，还发送陪嫁的嫁妆。

嫁妆中的被子，禁忌农历九月里做，喜好在十月里做。俗语说："等十月，忌九月。"因为"十月套被十相出，希望连生十子，九月套被九女星，恐怕连生九女"。而且套被子时忌用白线，喜用红线。缝制者忌寡妇或儿女不全的人参与，以图吉祥。

请期又称"告期"，俗称"选日子"，是"六礼"中的第五礼，是男家派人到女家去通知成亲迎娶的日期。请期仪式历代相同，即男家派使者去女家请期，送礼，然后致辞，说明所定婚期，女父表示接受，最后使者返回复命。

清代的请期多称"通信"，即男家用红笺，将过礼日、迎娶日等有关事项——写明，由媒人或亲自送到女家，并与女家商议婚礼事宜。

婚姻大事，嫁娶的日子是最关键的，一定要择吉避凶。一般要占卜择定合婚的吉日良辰，以及合适的迎亲、送亲之人。民间安排年份是放在无甚特殊情形的正常年份办喜事，日子一般选双月双日，但是，嫁娶月份日期不能与男女双方的属相犯冲，迎亲、送亲的人也不能犯属相的忌讳。

过去的"请"，其实是一种谦词，含有"不敢自专"的意思，因为事实上都是男方决定好时间后再通知女家，故"请期实告婚期也，必先礼请以示谦"。

在后来的实践中也有名副其实的"请"的，因为

鞭炮 已有2000多年的历史。最早称为"爆竹"，是指燃竹而爆，因竹子焚烧发出噼噼啪啪的响声，故称爆竹。鞭炮最开始主要用于驱魔避邪，而在现代，在传统节日、婚礼喜庆、各类庆典、庙会活动等场合几乎都会燃放鞭炮，特别是在春节期间，鞭炮的使用量超过全年用量的一半。

■ 古代女子嫁妆

■ 测算吉日的风水师

《史记》 西汉史
学家司马迁所著
的我国第一部纪
传体通史。记载
了上起我国上古
传说中的黄帝时
代下至汉武帝元
狩元年共300多年
历史。它包罗万
象，而又融会贯
通，脉络清晰。
鲁迅称它为"史
家之绝唱，无韵
之《离骚》"。

许多人笃信"坐床"之喜，希望新婚之夕便能让妻子怀孕，所以要避开女子的"例假日"，这就需要通过"请"的方式来征求意见。此外，也有男女双方同时找人选择嫁娶时间的，那就更有必要以"请"的谦和来协调了。

请期的依据是"择吉"。古人既然认为婚姻关系的确立乃"天作之合"，所以结婚的日期与时辰也应该顺应天时才会有好结果。

先秦、秦汉时期，选择"吉日良辰"的办法以占卜为主，卜者通过观察卜骨上的裂纹决定吉日，如《史记·龟策列传》中记载：

横吉榆仰首俯……可居家室，以娶妻嫁女。

后来阴阳家、风水家、星相家等各路"专家"都为人娶妻择吉日。比如，汉武帝就曾经亲自出面为人择吉日。

有一次，汉武帝召集大家，问"某日可娶妇乎？"结果，五行家说可，堪舆家说不可，建除家说不吉，从辰家说大凶，历家说小凶，天人家说小吉，太乙家说大吉，大家相互辩驳问难，展开争论。最终由汉武帝出面裁决，"避诸死忌，以五行为主"。

从那时起，五行占卜便成了选择嫁娶吉日的主要办法，再往后又杂采诸家，逐渐演绎成一整套庞杂的婚姻择吉体系。

嫁娶吉日选择的主要依据之一，是看所谓"神煞"的当值秩序。人们常在老皇历上看到"是日月破，大事不宜""是日吉星天德"等字样，这里的"月破""天德"，就是当值神煞的名称。

神煞有吉神凶神之分，嫁娶时间之年月日辰是宣

五行 我国古代的一种物质观，多用于哲学、中医学和占卜方面。五行指：金、木、水、火、土，认为大自然都是由五行构成的，随着五行的兴衰，大自然发生变化，从而使宇宙万物循环，影响人的命运，这是由于我国古代对于世界的认识不足而造成的。如果说阴阳是一种古代的对立统一学说，则五行可以说是一种原始的普通系统论。

■ 挑选皇历日期的人偶

■ 古代婚床

是忌，首先就要确认这个时间是哪一尊"神煞"在哪一个方位当值，然后做出趋吉避凶的安排。比如"岁德"是年神中的吉神，所理之地，万福并集，自然是办婚事的好年头，倘若凶神"太岁"驾临，那就必须回避了。

过去还有结婚忌"当梁年"的习俗，古人以子、午、卯、酉为"当梁年"，以为该年不宜结婚。晋代张华的《感婚赋》说："彼婚姻之俗忌兮，恶当梁之在斯。"说的正是这种习俗。至于其中的缘故，就很难搞清楚了。

也有很多人赶在"兔年"的下半年结婚，希望在"龙年"生"龙子"，于是兔年便成了嫁娶的吉年。

择年之后，还要择月、择日、择时，所依准则与择年相似。如"月德""月德合"等都是百福并集的值月吉神，最宜嫁娶，而"月建"是吉凶诸神的主帅，忌婚姻，等等。

按照明代问世的命书经典《增补诸家选择万全玉匣记》中的讲法，嫁娶最宜"天德""月德""天赦""天喜""三合""六合"等各尊吉神在位的时间，则年、月、日、时无一不吉。相反，如逢"月破""平日""劫煞""厌对""大时""天吏""四废""五墓""往亡""八专"等神煞在位的时间，则年、月、日、时无一不凶，绝对不可办喜事。

后来，人们把这些一般人不易弄清的"理论"简易化，发明了皇历，每一天都有宜嫁娶还是忌嫁娶的说明，人们就只需"照老皇历办事"就行了。

除阴阳化生、神煞轮值外，民间还有许多选择吉日良辰的传统习俗和趋避观念。如《周礼》引《夏小正》说："二月，冠子嫁女之时。"以为春天是合适

■ 传统婚礼洞房

■ 迎亲花轿

《白虎通》 又
称《白虎通义》
《白虎通德论》。
东汉章帝在79年
召开白虎观会
议，"讲议五经
异同"，意图弥合
今、古文经学异
同。会议的成果
由班固写成《白
虎通义》一书，
简称《白虎通》。
此书不仅是经学
发展中之产物，
更是当时上自天
子、下迄儒生之
学术共识，具有
保存当时经学样
貌之典范价值。

嫁娶的季节。

对此，东汉经学会议资料汇编《白虎通·嫁娶》
有解释：春天是阴阳交接、万物生发的时令，男女配
婚就是阴阳交接，所以春天结婚乃是顺应天时之举。

也有认为秋天嫁娶更合适，如《诗经·卫
风·氓》说："匪我愆期，子无良媒，将子无怒，秋
以为期。"大意是说，不是我失约，是你没有请到好
的媒人；你可别生气，秋天才是我们的婚期。

农村的人更喜欢在岁终时娶媳妇，一方面是迎娶
前需要过大礼，农民们只有等到秋收以后才具备这个
财力，到了冬闲时才有操办结婚大事的时间；另一方
面据说灶王爷每年腊月二十四上天述职，要到除夕才
回来。在这一段时间里，没有鬼神侦伺罪过，所以能
"百无禁忌"地热闹一番。谚语说"不管有钱没钱，

娶个媳妇过年"，正是这种观念的反映。

接下来就是布置婚房了。婚房布置在古代礼节中称为"铺房"，亲迎前一日，女家派人至新房收拾，并备礼前来暖房。

既为洞房，风水非常重要。古人认为，不懂风水仅凭自己喜欢，容易给以后的婚姻生活造成一定的危害。所以婚房最好选择在光线明朗，空气流通的地方。洞房颜色不要五花十色，这样做容易发生婚外情。洞房的窗台勿挂风铃，容易使新娘神经衰弱，头晕心烦。洞房不可跨在屋内外之横墙下，夫妻易发生口角。

安新床时要把床置放正位，不要与桌子衣橱或任何物件的尖角相对。新床也需放置一些吉利好兆头的物品在床上，例如百合、红枣、莲子，意喻百年好合、早生贵子等。

腊月 农历十二月为"腊月"，古时候也称"蜡月"。这种称谓与自然季候并没太多的关系，而主要是以岁时之祭祀有关。所谓"腊"，本为岁终的祭名。不论是打猎后以禽兽祭祖，还是因新旧之交而祀神灵，反正都是要搞祭祀活动，所以腊月是个"祭祀之月"。

■新郎迎亲

■ 新娘哭嫁

嫁娶礼俗与结婚喜庆

红笺 唐代笺纸，又名"浣花笺"，亦名"松花笺""减样笺""薛涛笺"。这种红色小笺曾被薛涛用以写诗与元稹、白居易、杜牧、刘禹锡等人相唱和，因而名著于文坛。薛涛笺虽只深红一色，但颜色、花纹甚精巧鲜丽。

亲迎又称"迎亲"，是"六礼"中的第六礼，是新郎亲往女家迎娶新娘的礼仪，也是婚礼中最为繁缛隆重的礼仪。

亲迎礼始于周代，女王成婚时也曾亲迎于渭水。此礼历代沿袭，为婚礼的开端。

亲迎礼历来形式多样。至清代，新郎亲迎，披红戴花，或乘马，或坐轿到女家，傧相引拜其岳父母以及诸亲。岳家为加双花披红作交文，御轮三周，先归。新娘由其兄长等用锦衾裹抱至轿内，轿起，女家亲属数人伴送，称"送亲"，新郎则在家迎候。

在迎亲这天，男女两家都要杀猪宰鸡，准备喜宴，还要请好厨师、傧相、伴娘、轿夫、账房、师爷及其他帮着办事的勤杂人员。这些人应聘后，应在迎娶的前一天即到主人家开始工作，做好迎亲摆宴的准备工作。

传统婚礼是女家早晨摆"出嫁酒"，男家中午摆喜筵，如果是纳婿则反之。一切准备就绪，男家鸣炮奏乐，发轿迎亲。媒人先到，接着新郎、伴娘、花轿、乐队、礼盒队陆续到达。

女家在花轿到来之前，要准备好喜筵。姑娘要由母亲或姐姐梳好头，用丝线绞去脸上的绒毛，谓之"开脸"，化完妆后，饰上凤冠霞帔，蒙上红布盖头，等待迎亲的花轿。

花轿一到，女家奏乐鸣炮相迎。迎亲队伍进入女家堂屋后，花轿落好，新郎叩拜岳父岳母，并呈上以其父名义写好的大红迎亲简帖。接着是女家奏乐开筵。席间，媒人和新郎要小心谨慎。

在我国民间，婚礼早宴有不少不成文的习俗。在

■ 新郎迎亲队伍

婚事礼俗

嫁娶礼俗与结婚喜庆

■ 新娘下花轿

牌位 又称灵牌、
灵位、神主、神
位等，是指书写
逝者姓名、称谓
或书写神仙、佛
道、祖师、帝王
的名号、封号、
庙号等内容，以
供人们祭奠的木
牌。牌位大小形
制无定例，一般
用木板制作，呈
长方形，下设底
座，便于立于桌
案之上。古往今
来，民间广泛使
用牌位，用于祭
奠已故亲人和神
祇、佛道、祖师
等活动。

新婚的二天里，亲戚朋友中的晚辈青少年可以别出心裁地在媒人和新郎身上编演几出小小的闹剧，称之为"洗媒"和"挂红"。新娘的嫂子说不定会在盛给新郎的饭碗下层埋伏半碗辣椒面，新娘的妹妹会在斟酒时特别给姐夫抹一把锅底灰。对这些能增加欢乐气氛的小闹剧，媒人和新郎应该容让，虽不妨小小地"报复"一下，但却绝不能生气、发火，甚至同主客吵闹、扭打。

早宴之后，新郎新娘在媒人引导下向新娘祖宗牌位和长辈行过礼之后，伴娘就可搀着新娘上花轿了。

上轿时，新娘要哭，以示对父母家人的依恋。"哭嫁"是迎亲仪式中一道独特的风景。女子拜别养育自己多年的父母，去到一个陌生的环境，心中少不了不舍和茫然，于是悄然饮泣，甚至失声痛哭。"哭嫁"的程序一般是先由母女对哭，姑嫂对哭，后由周围邻居未婚姑娘和青年媳妇前来陪哭。

哭者和陪哭者都拿着手绢坐在床上，两人一仰一俯地对哭，其他伙伴低声饮泣。陪哭一个接一个，直至新娘哭倦了才停止。有时亲戚相邻前来送礼看望，也会适当地哭一阵，作为拜贺答谢之礼节。

等到上轿的那一刻，哭嫁终于达到了高潮，这时不仅要痛哭，还要边哭边唱，其内容有感谢父母养育之恩的，有拜别兄弟姑嫂的，有痛骂媒人多事的，也有恋恋不舍、不愿上轿的。

新娘上轿后，即奏乐鸣炮，起轿发亲。乐队在前，乐队后面是新郎骑马，接着是花轿和其他送亲的人员。新娘在起轿时，往往要塞个红包给轿夫，以免花轿摇摆得过于厉害。

接亲的队伍将要到达新郎家门口时，男家要鸣炮奏乐相迎。花轿停在新郎家的堂屋门前，男家请的伴娘要上前掀起轿帘，将新娘搀下轿来，并上前赞礼，宾客向新郎、新娘身上散花，将婚礼推向高潮。

总之，通过"六礼"程序完成的婚姻，展现了中华民族特有的一种风俗习惯和民族特色传统文化。

阅读链接

同心结，是旧时男女用锦带制成的菱形连环样式的结子，表示恩爱之意。诗歌总集《玉台新咏》之《梁武帝·有所思》中有诗："腰中双绮带，梦为同心结"。唐代刘禹锡的《杨柳枝词》中写道："如今绾作同心结，将赠行人知不知？"可见，在南北朝及唐时，就有用同心结表示爱情的做法。

新夫妇行过结婚大礼之后，相偕进入新房，又有绾结同心之俗。据北宋的孟元老的《东京梦华录》记，新娘迎娶到男家时，两家各出一根彩段绾成同心结，男女各执一头，相牵而行，拜谒祖先，然后夫妻对拜。"牵巾"则是以同心结相牵。

宋高宗让花轿走向民间

那是在西汉时期，有一种用人抬的交通工具，名字叫"舆"。舆在晋六朝时极为盛行，当时称为"肩舆"。到了后唐五代，"舆"开始有了"轿子"之名。在北宋时，轿子只供皇室使用，直到发生了这样一件事，轿子就开始走向民间了。

婚礼仪仗队

■ 古代轿子

相传在北宋末年，金兵压境，北宋皇朝危在旦夕，皇亲国戚纷纷南逃。小康王赵构在途中与家人失散，逃到宁波的一个小村落。

康王眼看无处藏身，但他看见前面有个农家姑娘坐在一个大谷箩筐上，边做针线活边照管摊晒的粮食，于是，他急忙上前向姑娘求救。

这时，远处尘土飞扬，隐约看到有金兵大队人马飞驰而来。当时，四周一片空地，无处可以藏身，眼看金兵即将来到，姑娘急中生智，忙叫康王蹲下，拿起旁边的竹箩，罩住他的身子，又解下自己身上的花围裙，盖在箩筐上，之后，她照样坐在箩筐上做针线活。

不一会儿，金兵追到，下马就问姑娘，是否看到一个青年男子过去？

姑娘从容不迫地答道："看见有一个人匆匆忙忙

司马迁 字子长，西汉著名史学家和文学家，被世人称为"历史之父"。他所著的《史记》是我国第一部纪传体通史，同时在文学上取得了辉煌的艺术成就。因此，鲁迅称之为"史家之绝唱，无韵之离骚。"

■ 《清明上河图》
中宋代的轿子

圣旨 是我国古代
皇帝下的命令或
发表的言论。圣
旨是我国古代帝
王权力的展示和
象征，其两端有
翻飞的银色巨龙
作为标志。圣旨作
为历代帝王下达的
文书命令及封赠有
功官员或赐给爵位
名号颁发的诰命
或敕命，颜色越
丰富，说明接受
封赠的官员官衔
越高。

往南而去了。"

金兵不相信，就在姑娘家翻箱倒柜搜查起来，结果一无所获，就骑马离去了。过了一会儿，姑娘见金兵远去了，就掀起竹箩，把康王放了出来，并对康王说："金兵若追不到人，还会再返回来的，你还是到我家躲一躲吧！"

康王这时又惊又饿，求之不得。姑娘家里穷，没什么好东西招待，她母亲煮了一碗掺虾皮的大麦饭给康王吃。康王饥不择食，吃得津津有味。姑娘又拿来她父亲的破旧衣服帮他换上。

康王脱险后，为了报答姑娘救驾之恩，当即表明了自己的身份，并与姑娘约定，等自己安定后便迎娶她进宫。两人相约，当康王来接姑娘进宫时，以她的花围裙为凭证，挂在屋檐上就行了。

康王随即坐船到定海，转温州，回到皇宫后，他

将自己与姑娘的奇遇告诉了母亲。可是，这件事却无意中被康王的母亲泄露了出去。

1127年，康王赵构在建康称帝，为南宋高宗。后来，当宋高宗派使者护送皇家花轿、半副銮驾仪仗、凤冠霞帔来接那位姑娘时，却看见全村所有有姑娘的人家都在屋檐上挂出了同样的花围裙。使者无法辨认真假，只好回去禀告宋高宗。

由于距离上次来村落的时间相隔太久了，宋高宗也无法辨认，于是下圣旨，半副銮驾及凤冠霞帔不必带回，就赐给宁波一带女儿出嫁时使用，以报答救命之恩。这种待遇堪比公主、郡主出嫁时的阵势，以示皇恩浩荡。

紧接着，宋高宗赵构废除乘轿的有关禁令，自此轿子发展到了民间，人们把花轿运用到娶亲上也渐渐成为了民俗，并将娶亲用的轿子称为"花轿""喜轿"或者"婚轿"。

到了清朝乾隆年间，大姑娘出嫁坐花轿的习俗在民间已经十分普遍了。关于大姑娘出嫁为什么要坐花轿？还有一个和乾隆皇帝有关的

■《清明上河图》中的花轿

传说呢！

早先，不论是大家闺秀出阁，还是小家碧玉出嫁，都是不坐轿的，而是骑着毛驴去夫家成亲呢！

1755年，乾隆皇帝因为巡视黄河筑堤情况，来到了河南郑州东面的中牟县，他在这里拜谒先贤胜迹，赏览民间风情，体察乡野民风，一时兴致很高。

这天，乾隆站在中牟县衙外面的一个池塘前面，他看着池塘里荷花盈盈，荷叶茂盛，清香弥漫，池塘旁边又有垂柳依依，清风细细，不觉心醉神驰，不觉随口吟诵起了北宋大文学家欧阳修吟咏西湖的诗：

菡萏香清画舸浮，使君不复忆杭州。
都将二十四桥月，换得西湖十顷秋。

说来也巧，就在乾隆沉醉在诗情画意中的时候，正好迎面走来了一支送亲队伍，吹吹打打，鞭炮响亮，披红挂彩，笑声不断，热闹非凡。

原来，今天是县城里有名的才女若莲出嫁的日子，正好从县衙门前经过，还正好遇到了乾隆皇帝。因为有皇上在此停留，所以，衙役命令送亲的队伍让路，坐在毛驴上的若莲一听要让自己让路，坚决不答应。

衙役大声说："皇上在此，小小民女快快让路。"

若莲十分平静而又理直气壮地说："婚姻大事，一生只有一次，在这良辰吉日，就是遇到当今皇上，俺也不会让路的！"

乾隆皇帝闻听这些话，心里暗暗称奇，他没有想到小小的中牟县竟然有如此个性的女子，就走上前去，只见毛驴上坐着一个如花似玉的大姑娘。

乾隆皇帝看了若莲一会儿，说："你不让路也可以，但我有个条件。"

若莲问："什么条件？"

乾隆皇帝说："我出一副上联，你对一副下联，对完下联之后，你再作一首诗。如果你下联对得好，诗又作得好，我不仅不治你冒犯君王之罪，还让你坐

乾隆（1736年—1795年），清高宗爱新觉罗·弘历的年号，清朝第六位皇帝，定都北京后的第四位皇帝。亦代指乾隆帝。乾隆帝25岁登基，在位60年，退位后当了3年太上皇，实际掌握最高权力长达六十三年零四个月，是我国历史上执政时间最长、年寿最高的皇帝。

■ 宋朝官员出巡的轿子

我的轿子送你到夫家成亲，你看怎么样？"

若莲听了乾隆皇帝的话，微微一笑说："一言为定，请出上联。"

乾隆皇帝稍微沉思了一下，说道："这上联是：'塘中荷花，疯蝶硬要采。'"

若莲听了上联，立刻对道："画上仙女，狂生却难求。"

乾隆皇帝一听，拍手赞赏说："对得好！对得好！小姐，再请你以黄河岸边卧着的那个铁水牛为题，作一首诗如何？"

若莲出生书香门第，自幼饱读诗书，吟诗作画十分擅长。所以，她想了一下，不慌不忙地吟出了一首诗：

康熙令铸一铁牛，置堤镇水几十秋。

狂风拂拂无毛动，细雨霏霏有汗流。

青草河水难进口，无绳勒索却昂头。

牧童有力牵不去，千年万载永驻留。

乾隆南巡图

　　乾隆皇帝一听，大喜过望，大声说："小姐不仅容貌娴雅，气质超群，而且才思敏捷，诗情不俗，小小中牟能有此才女，真是不可多得！不可多得啊！"

　　然后，乾隆皇帝亲自为若莲掀起轿帘，请她上轿，并御笔亲书"大姑娘坐轿头一回"几个大字，赏给若莲，以示褒奖。从此以后，大姑娘出嫁就都开始坐花轿了。

　　一般，北方人称花轿为"喜轿"，南方人习惯叫"花轿"。花轿的规格有大有小，大规格者，新娘坐一乘八抬大红喜轿，送亲、迎亲女宾各坐一乘绿喜轿，轿前有执事，并有开道锣、大号、伞、扇、大镜、二镜、斧钺、朝天蹬各一对，两对喇叭，八面大鼓。到时，锣鼓齐鸣，喜庆鞭炮交响，景象热闹喧腾。

　　小规格者有四人抬小轿，一对开道锣，一对号和两面鼓。要是皇帝结婚，那场面更大。清代皇帝结婚，有十六种乐器演奏，而且，新娘下轿之前，皇帝要向其头顶连射三箭。在皇后下轿之际，先前入宫的嫔妃要率领女官等膝行跪迎，以示皇后与皇妃之间的等级尊卑。

■清代天子大婚典礼图

　　古代花轿的种类及样式繁多，因各地的习俗、贫富及主人的身份而略有不同。普通人娶亲用的一般是二人抬的花轿，罩轿子的帷子都选用大红色的彩绸，并绣有富贵花卉、丹凤朝阳和百子图等吉祥图案，缀以金、银色，以烘托热闹喜庆气氛。家境富贵的人家常用四人抬的大花轿，轿子的装扮与二人抬的相差无几。

　　用花轿迎娶新娘并不仅仅是抬回去那么简单，我国传统婚俗中花轿迎娶新娘的方法也是形形色色且别有趣味，其中的风俗大多和祈求平安幸福与生育有关。

　　浙江用花轿迎娶新娘，新娘会在身上预备许多铜钱，当新娘出轿时抛撒，铜钱如天女散花似的撒落地下，以供孩子们喝彩嬉笑着又捡又抢，俗称"鲤鱼撒子"，形象地表达新娘进夫家就像鲤鱼般地生子育女的期望。

　　湖北地区用花轿迎娶新娘，新娘在上轿前由舅舅把她抱到量谷的斗上，斗的上面有一根梁，新娘站在梁上手持一把筷子撒落在娘家地上，意寓娘家期望她"快快生子"。广东饶平用花轿迎娶新娘，新娘在上轿前须用石榴等多子的植物泡水沐浴，沐浴完毕后坐在浴盆里吃两个鸡蛋，以求新娘多生多育。

　　浙江一带用花轿迎娶新娘，新娘上轿后，乐队吹奏的乐曲变化多端，两盏标有男家姓氏的灯跟在后边，然后是两面红旗迎风招展，领头的是背着一枝连叶带根的"子孙竹"的带头人，子孙竹上面还挂着盏小红灯，一路上锣鼓队和花轿晃晃悠悠的在子孙竹带领下去往男方家。

新娘的花轿经过一路的颠簸，到了男方家里，是不能着地的，来到新郎家门口，也不能直接入内。我国古代婚礼习俗之烦琐，各个地区婚礼习俗区别之大，实在是令人叹为观止。

山东地区用花轿迎娶新娘还有"小娶"和"大娶"之分，也就是新人家富裕程度的显示。小娶相对简单，就是抬一顶轿子去迎；大娶则是抬着两顶轿子去迎亲，其中让新娘乘坐的一顶叫"花轿"，新郎乘的一顶叫"官轿"，相应的迎亲锣鼓队伍等也更加庞大，一路上鼓乐喧天，热闹非凡。

山东有燎轿的习俗。花轿来到男方家门口，有两

■清朝婚俗泥塑

铜钱 古代铜质辅币，俗称铜钱，是指秦汉以后的各类方孔圆钱。我国历代古钱币大多数是以铜合金形式铸造的，方孔铜钱是古代钱币最常见的一种。方孔铜钱应天圆地方之说，古代人们认为天是圆的，地是方的，所以秦始皇统一全国后铸钱币便以此为形。

位接轿的姑娘，一个手端麸子，一个捧着一本书，书中还要夹着两根葱，迎上轿前立于两旁。此刻会有人拿点着的稻草火把在轿前烘一烘，也就是"燎轿"，目的是破除煞气邪气。燎轿以后再把上轿时缝上的轿门扯开，此时接轿姑娘把书交给新娘并往新娘身上撒些麸子，然后再扶着新娘下轿。新娘下轿后在轿前预备好的柳木椅子上端坐着，再抬着进入夫家。

在胶东民间流传着择日三、六、九和压轿砖的婚礼习俗。据传说很久以前，有一位进京赶考的公子，路上遇到一户人家娶亲的花轿，他精通经史，便掐指一算，今日主凶，深感奇怪。他便顺手拣了一块砖，跟着花轿进了村，把砖放到新郎家的门楼上。公子心想做个记号，以便等赶考结束返乡时，一定再来看看这户人家，究竟出了什么凶险事。

■ 装饰豪华的花轿

一位貌似读书人的老汉注意到了公子的举动，急忙走过来问："这位相公，贵姓高名？"

公子报了姓名后，问道："前辈，恕后生冒昧，敢问今天的喜日子，是哪位高人选择的？"

老汉毫不掩饰地答道："正是在下。"

公子说："您老可知今天是什么日子？"

■ 古代婚礼习俗抬
花轿陶塑

老汉愣了一下，言道："管他什么日子，姜太公
在此，百无禁忌。待要走，三、六、九。"

公子听后转身赶路去了。公子进京后考中头名状
元。一年后，他微服返乡祭祖省亲，又路过这个地
方，老远看见去年结婚的那户人家，正在府中为新生
儿过百岁。

说来也巧，公子在门前又遇到了那位老汉，老汉
一眼也认出了状元公，拉着他就往府里让，还嘴中嚷
道："主家快来，我给你请来一位贵客！"

状元公被众人半推半就地让上了酒席桌，三杯酒
下肚，状元公起身打了一躬，言道："在下有一事不
明，请前辈指教。年前巧遇贵府喜宴，后生不才，对
阴阳术略知一二，曾算出那天并非吉日，今日看来，
府中安宁，喜气盈门，不知是后生算错了，还是另有

鼓 在远古时期，
鼓被尊奉为通天
的神器，主要是作
为祭祀的器具。
在狩猎征战活动
中，鼓都被广泛地
应用。鼓作为乐器
是从周代开始。
周代有八音，鼓
是群音的首领，古
文献所谓"鼓琴
瑟"，就是琴瑟开
弹之前，先有鼓
声作为引导。

它因？"

老汉微笑道："状元公，您没算错，那天确非吉日，但老汉我也算定了，那日准有贵人打此路过，故说姜太公在此，百无禁忌。更何况那天主家的门楼上，还有状元公您放的一块砖呢？"

此言一出，四座皆惊，站在面前的竟是新科状元。状元公更是惊讶，

■ 传统婚礼抬花轿

老汉居然能看出自己的身份，心诚悦服地告辞返乡。

其实，老汉给人家看日子，只是根据民间的一句俗语：待要走，三、六、九。从此以后，胶东一带就沿袭下来了，婚嫁日期一般选择在农历的三、六、九日，新娘花轿上放压轿砖的习俗，后来便改为童男童女压轿，以示早得贵子。

广西一带新娘花轿到了门口，男方出来两位儿女双全、福气好的人，一个撑伞、一个手扶新娘，而且要手拿尺子轻打新娘头部三下，以示打压新娘的威风，并提醒在婚后要尊重公婆和丈夫，万事需要注重规范的意思。然后新郎在前面走，新娘步步谨慎，须踩着新郎的足迹随后跟入喜堂，俗称"踩三步"，意味着日后夫唱妇随。

广西一带新娘在花轿到喜堂之前，要先从婆婆

农历 是我国长时期采用的一种传统历法，以朔望的周期来为定月，用置闰的办法使年的平均长度接近太阳回归年，因这种历法安排了二十四节气以指导农业生产活动，所以称为农历，又叫中历、夏历，俗称阴历。

手中接过新粥瓢才能入门，表示婆婆把管家的大权交给新媳妇。而上海还会点燃彩纸围着的竹枝，待火焰烧得红红火火的时候新娘才能入门，以示新媳妇入门带来红火的生活。

江浙一带新娘入门的风俗则是吃甜饭，迎亲队回到了新郎家门以后，花轿停下，新娘新郎及全家的亲戚朋友就一同吃甜圆子、莲子等，以示从今起全家团圆和心连心的美好寓意。关于吃甜饭还有一段相应的词：

> 一只郎船摇进浜，青龙冈上来上岸。
>
> 轿子抬到大门口，掌礼师傅来唱礼。
>
> 一碗糖饭菱角尖，唇上粘满饭米屑。
>
> 两头水草乱横横，敲锣打鼓放炮仗。
>
> 预备踏脚红毡毯，阿婆出来喂糖饭。
>
> 又是甜来又是鲜，伸出舌头只管舔。

阅读链接

交杯酒是我国婚礼程序中的一个传统仪式，在古代又称为"合卺"，合卺引申为结婚的意思。在唐代即有交杯酒这一名称，到了宋代，在礼仪上盛行用彩丝将两只酒杯相连，并系成同心结之类的彩结，夫妻互饮一盏，或夫妻传饮。

这种风俗在我国非常普遍，在浙江绍兴地区喝交杯酒时，由男方亲属中儿女双全、福气好的中年妇女主持，喝交杯酒前，先要给坐在床上的新郎新娘喂几颗小汤圆，然后斟上两盅花雕酒，分别给新婚夫妇各饮一口，再把这两盅酒混合，又分为两盅，寓意"我中有你，你中有我"，让新郎新娘喝完后，并向门外撒大把的喜糖，让外面围观的人群争抢。

新娘护身符的红盖头

传说在宇宙初开时，天下只有女娲兄妹二人。为了繁衍人类，兄妹俩商议配为夫妻。但他俩又觉得害羞。于是，兄妹俩上到山顶，向天祷告："天若同意我兄妹二人为夫妻，就让空中的几个云团聚合起来；若不让，就叫它们散开吧。"

盖头新娘雕刻

嫁娶

话一落音，那几个云团慢慢近移，终于聚合为一。于是，女娲就与兄成婚了。

在当时，女娲为了遮盖羞颜，乃结草为扇以障其面。扇与苦同音。而以扇遮面，终不如丝织物轻柔、简便、美观。因此，执扇遮面就逐渐被盖头蒙头代替了。

这个风俗被后人延续下来。因新娘旧身份丧失和新身份开始，容易被

■ 新娘

邪魔乘虚侵入。为了把新娘从旧身份、旧生活中分离出来，红色的盖头也就成为新媳妇的护身符了。

盖头又称盖巾，是新娘在婚礼上的重要饰物。娶亲花轿来到，新娘先拜别父母，然后用红巾蒙首，让伴娘搀扶上轿。来到夫家，举行婚礼。新郎亲手揭开盖头，二人正式相见。

新娘的盖头为何用红色，事情多少有一点说头。汉魏时期，天下纷争，战火连绵不断，民间娶亲有时根本无法照礼仪行事。出于安全方面的考虑，婚事一说定，便用纱巾将新娘的头蒙上，新郎将新娘接回，到家后揭开新娘纱巾，新娘拜见公婆，新郎和新娘便成为合法夫妻。这种方式本是为速成而采用的一种权变方式，不承想影响却很大，新娘结婚时头顶红盖头逐渐演化为一种礼俗。

在古代，把这种简易的婚礼形式叫作"拜时

女娲 又称女娲氏，娲皇，是我国传说时代的上古氏族首领，后逐渐成为我国神话中的人类始祖。根据神话记载，女娲人首蛇身。女娲的主要功绩为抟土造人，以及炼石补天。其他的功绩包括发明笙簧和规矩，以及创设婚姻。后世女娲成为民间信仰中的神祇，被作为人类始祖和婚姻之神来崇拜。

■新郎揭盖头蜡像

婚"。唐人杜佑在《通典》卷59中说：

《梦粱录》 南
宋吴自牧著，共
20卷。记载南宋
临安的郊庙、
宫殿、山川、人
物、市肆、物
产、户口、风
俗、百工、杂戏
和寺观、学校
等，为了解南宋
城市经济活动，
手工业、商业发
展情况，市民的
经济文化生活，
特别是都城的面
貌，提供了较丰
富的史料。书中
妓乐、百戏伎
艺、角抵、小说
讲经史诸节，为
宋代文艺的珍贵
资料。

　　拜时之妇，礼经不载，自东汉魏晋及
东晋，咸有此事。按其仪或时属艰虞，岁遇
良吉，急于嫁娶，权为此制。以纱蒙女氏之
首，而夫氏发之，因拜舅姑，便成妇道。六
礼悉舍，合卺复乖。

　　比如，晋朝时期，拜时婚就曾盛行一时。这时不
仅是因为战乱，还因为丧事。礼俗规定，男女双方家
庭有丧事，不能在服丧期内婚嫁。而古代丧期太长，
很多家庭等不得，便冒丧举行拜时婚。

　　新娘盖头由谁来揭开，不同时代、不同地区有不
同的风俗。在宋代时，是由至亲中的双全女亲来揭开
新娘盖头。宋代吴自牧著的《梦粱录·嫁娶》中说：

其礼官请两新人出房，诣中堂参堂……并立堂前，遂请男女双全女亲，以称或机杼挑盖头，方露花容。

这里有祈求吉祥之意。吴地东莱一带的婚俗，新娘盖头要由婆母揭开。前清名臣朱轼《仪礼节略》中说：

吴东莱婚礼，婿妇交拜后举蒙头，遂就坐。按内则，女子出门必拥闭其面，蒙头即拥面也，俗谓之盖头。以锦为方帕，横直四尺，女辞父母，拜毕，即以帕盖头，升车至夫家。交拜，必姆为去之。乃合卺。

其实最普遍的习惯，还是新郎亲手为新娘揭开盖头。根据《通典》的说法，唐代新娘的盖头是"夫氏发之"，宋人朱熹也主张揭盖头的人应是新郎，"妇拜，婿答拜，婿为举蒙头"。

新娘红巾蒙首，始是出于权变，后习而成礼成俗。这里面既有模仿行为，又有追求美学的强烈意识。红色是喜庆，是鲜艳。蒙首是含蓄，是朦胧。在盖头揭开之前，人们对新娘的容貌只能去想象。可以想其丑，也可以想其美。这种悬念为新婚增添了无穷魅力。

阅读链接

最早的盖头约出现在南北朝时的齐代，当时是妇女避风御寒使用的只仅仅盖住头顶。到唐朝初期，便演变成一种从头披到肩的帷帽，用以遮羞。

据传说，唐代开元天宝年间，唐明皇李隆基为了标新立异，有意突破旧习，指令宫女以"透额罗"罩头，也就是妇女在唐初的帷帽上再盖一块薄纱遮住面额，作为一种装饰物。后来，从后晋到元代，盖头在民间流行不废，成为新娘不可缺少的喜庆装饰。

结发夫妻与结婚仪式

■古代女子发笄

相传古时候有一个皇帝，在登基的头一夜，因为担心自己的胡子太短，会让天下人认为自己的学识不够，久久都无法入睡。

皇帝身边的娘娘聪明过人，她看到自己的夫君愁眉不展的样子，就剪下自己的头发，仔细地接在皇帝的胡须上。一夜工夫，使皇帝的短胡子成了长胡子。

第二天，皇帝登基时，手捋胡须，接受满朝臣子的朝拜。臣子惊叹皇帝一夜之间，胡须过脐，真乃"真龙天子"！于是，娘娘剪发结皇帝的胡须就成为结发夫妻的由来。

结发又称合发、合髻。清人沈德潜选编的《古诗源》载汉代苏武诗云：

结发为夫妻，恩爱两不疑。

■ 结发夫妻蜡像

这说明汉代已把结发和婚姻联系在一起。唐宋两代承袭前代风俗，婚礼中流行举办结发仪式。敦煌《下女夫词》中有合发诗一首，其词云：

> 本是楚王宫，今夜得相逢。
> 头上盘龙结，面上贴花红。

北宋欧阳修在谈到婚姻礼俗时，曾提到合发之俗。他翻阅所有的典籍，发现关于结发有3种解释。一种解释说，结发是束发的意思。古代男女幼时披头散发，或略加梳理，到成年时才把头发束起来。男子20岁加冠，女子15岁著笄，笄是束发用的簪子。及笄即是女子许嫁之年。刚一成年就结婚，夫妻双方自然都是原配初婚，这样的夫妻称为结发夫妻。

还有一种解释说，古代女子许配给人家后，便用

《古诗源》 清人沈德潜选编的上溯先秦下迄隋代的古诗选集，全书共14卷，录诗700余首，因其内容丰富，篇幅适当，笺释简明，遂一直为流行的古诗读本。编者虽然意在复古，通过选诗、注诗和评诗阐扬"诗教"，倡导"风雅"，表现了陈旧保守的诗学观念。

一根丝绳把头发束起来，表示自己已有婆家。到举行结婚典礼时，由丈夫亲手解下头绳，重新梳理头发。这种仪式被称作结发。

还有第三种解释，新婚时男女双方各剪下一绺头发，结在一起作为夫妻恩爱的信物。按宋人孟元老《东京梦华录》的说法，男人剪左边头发，女人剪右边头发。为了表示对爱情的忠贞，剪下头发绾作同心结。唐代女诗人晁采的《子夜歌》对这种情形有生动的歌咏：

■ 古代女子发髻

依既剪云鬓，郎亦分丝发。

觅问无人处，绾作同心结。

《子夜歌》乐府吴声歌曲名。曲调相传是晋代一个叫子夜的女子所创作。其内容均写男女恋情，是女子吟唱其爱情生活的悲欢，形式为四句五言句。诗中多用双关隐语，活泼自然。由《子夜歌》后又衍生出《大子夜歌》《子夜四时歌》等曲。

这种由头发绾结成的信物，大多保存在女方手中。这3种解释各有各的道理，很有可能这3种文化形态在历史上都存在过。

在我国汉代时期，那时候举行葬仪有这样一个风俗，如果结发妻因故早折，做丈夫的就会把他们结婚时用的梳子掰开分为两半，上面还留存着妻的青发几缕，把另外一半随葬入棺，以表示生生不忘结发之妻，纪念结发之恩爱情深。

南朝徐陵在东周至南朝梁的诗歌总集《玉台新咏·古诗为焦仲卿妻作》里写道：

> 结发同枕席，黄泉共为友。

虽然这首诗写的是以封建家长制度为背景的悲剧故事，但那时候彼此相爱的情人，如果女子们把她自己的一绺青丝送给男子做定情物，则形同她已经把身体交给男子那样的重要信物了。

我国古人在结婚的时候，当新郎把新娘接回家后都要举行结婚仪式，要一拜天地，二拜高堂，然后夫妻对拜，最后饮合卺酒，又称交杯酒。在婚礼仪式

《玉台新咏》是继《昭明文选》之后的我国又一部古代诗歌总集。它是东周至南朝梁代的诗歌总集，历来认为是南朝徐陵在梁中叶时所编。内容中多收录男女感情的记述表达，以及日常生活的方方面面，刻画出古代女子丰富的感情世界，也展示出深刻的社会背景和文化内涵。

■古代合卺酒杯

中，新郎新娘喝交杯酒是一项重要活动。

喝交杯酒，古时叫作合卺之礼。周朝时这种仪式十分盛行，并被收入官方的礼典。《周礼·昏义》：

> 婿揖妇以入，共牢而食，合卺而酳。

卺是用葫芦做的酒具。每逢娶亲，人们便取来大小适中的葫芦，居中分开，成为两瓢。新郎新娘各持一瓢，瓢里装上酒，新婚夫妻举瓢同时共饮。饮后将两瓢合为一体，谓之合卺。

酳是饮酒，"合卺而酳"，就是饮合卺酒的意思。这是葫芦崇拜文化的一种流变。葫芦形圆籽多，类似于十月怀胎的孕妇。

在古代的洪水神话中，人类饱受洪水之苦，只有一对兄妹因躲进葫芦中才死里逃生。后来兄妹结为夫妻，再创人类，成为人类始祖。新婚时行合卺之礼，即是预祝新郎新娘婚姻圆满，子孙兴旺。

不同时代喝交杯酒的形式也都各不相同。在唐代，喝交杯酒时，让两个小男孩充当卺童，两人手里各捧一个小瓢，瓢里斟上酒，一个卺童说："一盏奉上女婿。"另一卺童说："一盏奉上新娘。"新郎新娘接过对饮。用

■ 清代玉合卺杯

一对幼儿做傧童，既寓有童贞之义，又暗含求子之情。

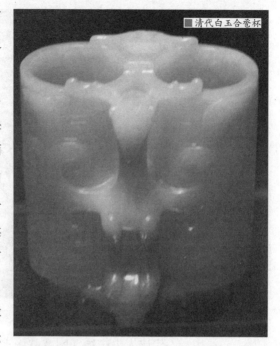

在宋代，喝交杯酒已不太爱使用瓢具，而是换为酒杯。用彩色丝线将两个酒杯连系在一起，杯内注满酒，新郎新娘各持一杯，同时先喝下半杯，然后换杯，接着再同时喝下余下的酒。

彩色丝线有千里姻缘一线牵的含义，也是表示二人心心相连，同心同德。换杯换酒，交叉而饮，含有二人合一、永不分离的意思。也有人将系杯的彩线换成彩绸，中间系上同心结。这种喝交杯酒的形式，一直流传了下来。

后来，喝交杯酒又出现一种新的方式。两个酒杯倒满酒，新郎新娘各取一杯，面对面站着，用拿酒的手臂相互套折着，同时喝下杯中酒，喝完后手臂放开。这种喝交杯酒的形式，使新郎和新娘有了身体上的直接接触，因而更具有象征意义。

拜见公婆，古时称拜见舅姑，是婚礼仪式中的一项重要内容。古代礼俗认为，婚姻不仅是婚姻当事人的事，而且是整个家庭的事。新妇进门，不仅是为儿子娶了一个媳妇，而且是为家庭娶来一个能够生儿育女、传宗接代、主持家务、延续家庭的主妇，因而古人特别重视成妇之礼。拜见公婆是成妇的主要内容。

《仪礼·士昏礼》中说，新婚之夜过后，天还未亮，新娘就要起

■ 婚礼之后的家庭宴席

《新婚别》 唐
代诗人杜甫所写
的新题乐府组诗
"三别"之一。
此诗成功塑造了
一个深明大义的
少妇形象。新婚
丈夫赶赴战场,
新娘虽然悲痛得
心如刀割,但她
认识到家庭婚姻
与国家民族的命
运,是不可分割
地连接在一起
的。于是,她忍
痛鼓励丈夫参
军,同时坚定地
表达至死不渝的
爱情誓言。

来,沐浴更衣,梳妆打扮,做好拜见公婆的准备。唐
代诗人朱庆馀《闺意献张水部》这首诗,相当形象地
描绘出这种情形。诗中咏道:

洞房昨夜停红烛,待晓堂前拜舅姑。
妆罢低声问夫婿,画眉深浅入时无。

天一大亮,开始举行拜见之礼。拜见地点一般是
在厅堂。公婆先进入拜堂,新妇拿着笲和枣栗等物,
随新郎进入。先拜奠神祖,把物品放在祭桌上。然后
公婆就座,新妇先拜见公公,公公说几句祝福希望的
话,再拜见婆婆。

婆婆将新妇扶起,把笲交给新妇,表示承认新妇
成为家庭成员。然后新妇与家庭其他成员一一见面,
对长辈要行拜见之礼。接着全家共进早餐。新妇要向

公婆进荐一两样主菜，表示尊敬和恭顺。公婆则把甜酒倒进杯里，让新妇饮用，用以表示对晚辈的怜爱。

拜见公婆是新娘由外人过渡到家庭成员必须履行的礼仪，同时这也是一个标志。否则，即使举行过婚礼，但未拜见过公婆，按照礼俗的说法，新娘还不算是家庭正式成员。唐代诗人杜甫在《新婚别》中，明确地反映了这种情况。诗中写道：

> 结发为君妻，席不暖君床。
>
> 暮婚晨告别，无乃太匆忙。
>
> 君行虽不远，守边赴河阳。
>
> 妾身未分明，何以拜姑嫜。

最后两句诗使用的是倒置法，是说新妇未能行拜见姑嫜之礼，身份未明。诗人以一个新妇的口吻，诉说了自己内心的忧虑。

父母双亲如有一方或双方先亡，丈夫则要带新妇到墓地拜祭，也算是行了拜见之礼。

阅读链接

结发又称束发，成婚之夕，两个新人各自剪下自己的一绺头发，然后再把这两缕长发相互绾结缠绕起来，以誓结发同心、爱情永恒、生死相依、永不分离。

在浙南有关于"结发夫妻""束发托身"与"投丝慰情"的民俗。所谓"束发托身"就是原配夫妻择日完婚时，男方要送庚帖，女方要回庚贴。庚贴上要写明姓名、出生年、月、日、时辰和完婚时间。女方回庚帖时，附上一束头发，用红头绳扎着，作为定情托身、以身相许之物，以示结发同心，百年好合。

传统色彩浓郁的婚服

　　那是在我国的秦汉时期，人们在婚礼举行之日前，新夫家当以媒拜会新妇的父亲。这个时候，媒婆穿着玄端服。婚礼当日，新夫穿着爵弁服迎娶新妇，新妇由两名随嫁女子到达夫家。

　　在服装方面，新夫要头戴爵弁形似无毓之冕，上衣玄色象征天，

■婚庆霞帔

下裳纁色象征地，有黑色缘边，喻阴阳调和。蔽膝随裳，棕红色。大带黑色。鞋履为赤舄，即红色复底鞋。

　　新妇戴着与真发混同梳编的装饰假发。婚服形制与男子同，唯服色有别，上衣下裳均为黑色，取"专一"之意。蔽膝、

鞋履、大带随裳色，亦为黑色。另外从阴阳五行思想考虑，由于黑色属阴，故而在裳下缘红色边，以注入阳气而致平衡。

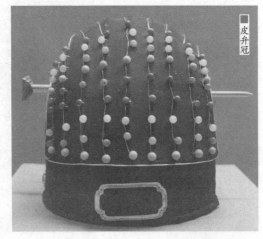
■皮弁冠

姆以黑色丝带和发笄束发，身着生丝所制黑色衣裳。蔽膝、鞋履和大带色黑。随嫁者也穿着黑丝衣裳，披绣有黑白相间的黼纹的披肩。

新妇上车时由姆为其披上黑色素纱罩衣以防风尘，此衣名"景"。婚礼中使者、侍者均着玄端服，包括玄冠、玄衣、玄色或者黄色裳、黑舄。

传统婚礼服在各个朝代、各个时期都有所差异。我国服饰经过几千年变革，婚礼服也有自身的变化。

自周代礼服的出现，婚礼服也应运而生。经历秦汉发展，在唐宋达到高峰，我国古代婚礼服制式主要有三种，分别为纯衣𬘧袡、钗钿礼衣和凤冠霞帔。

纯衣𬘧袡为周礼婚礼礼制中新妇的礼服装束。我国的冠服制度在周朝逐步完善，随着等级制度的产生，各种礼仪出现，不同场合穿戴的服饰也不尽相同，有祭礼服、朝会服、从戎服、吊丧服、婚礼服等。周代婚制中的礼服崇尚端正庄重，与后世婚制中有所不同。

婚服的色彩遵循"玄𬘧制度"。新郎的服饰为爵弁，玄端礼服，缁袘𬘧裳，白绢单衣，𬘧色的韠，赤

爵弁服 "弁服"之一。华夏民族士人助君祭及亲迎等时所服之服，同时也做士冠礼三加之礼冠，为士之最高礼服。始于商周，至宋后其制废，后又重新出现在人们的成人礼和婚礼中。

冠服 我国服饰的重要组成部分，而与之对应的冠服制度也是我国礼乐制度的重要组成部分。原始社会后期，随着衣裳的产生，头上戴的冠帽也产生了，就是利用兽皮缝合成帽形而加之于头上。冠与帽的区别，前者只罩住发髻而后者则覆盖整个头顶。

■精美的头钿

色舄（或履）。新娘在正婚礼的时候，穿玄色纯衣纁袇礼服，拜见公婆时则穿宵衣，发饰有缅、笄、次。新娘头戴"次"，以"缅"束发，有一尺二长的笄。

秦汉时皇太后、太后、公卿夫人等的婚礼服形式采用深衣制。深衣形制是上衣下裳相连接，当时男女服用极为普遍。禅衣内有中衣、深衣，其形无大区别，只是袖形有变化，都属于单层布帛衣裳。汉代曾采用12种色彩的丝绸设计出不同身份的人穿用的婚礼袍服。

钗钿礼衣始于唐代，它包括礼服及发髻上的金翠花钿，并以钿钗数目明确地位身份。

唐制婚礼服融合了先前的庄重神圣和后世的热烈喜庆，男服绯红，女服青绿。钗钿礼服是晚唐时期宫廷命妇的礼服，身穿大袖衫长裙，披帛，在花钗大袖襦裙或连裳的基础上发展出来。层数繁多，穿时层层压叠着，然后再在外面套上宽大的广袖上衣。常作为唐代通用的归嫁礼服。

唐以后，这种繁复的婚礼服有所简化，成为一般意义上的花钗大袖衫。在科举制度影响下出现假服，即当时贵族子孙婚娶可以使用冕服或弁服，官员女儿出嫁可以穿用与母亲的身份等级相符的命妇服，平民

诰命夫人 诰命又称诰书，是皇帝封赠官员的专用文书。所谓诰是以上告下的意思。古代以大义谕众叫诰。古代一品至五品的官员称诰，六品至九品称敕。诰命夫人跟其丈夫官职有关，只有俸禄，没有实权。

钗钿 古代一种嵌金花的首饰，钿和钗都是女子的饰物，唐玄宗和杨贵妃以钿钗寄情，即是白居易笔下的"唯将旧物表深情，钿合金钗寄将去。钗留一股合一扇，钗擘黄金合分钿。但教心似金钿坚，天上人间会相见。"

结婚也可穿用绛红色公服。

"假服"发展到后来，新娘通常穿红地绣花的袄裙或旗袍，外面"借穿"诰命夫人专用的背心式霞帔，头上簪红花，拜堂时蒙盖头，新郎通常穿青色长袍，外罩绀色马褂，戴暖帽并插赤金色花饰，拜堂时身披红帛。

宋代尚简，婚服虽然已经不是隆重繁重的钗钿礼衣，但依然是花钗大袖礼服。

从明代以来，男子娶妻俗称"小登科"，可以穿九品官服的，青绿色的九品幞头官服，新嫁娘则用凤冠霞帔。过去此俗多流行于满族、汉族、朝鲜族及其他民族。据《清稗类抄》云：

> 凤冠为古时妇人至尊贵之首饰，汉代唯太皇太后、皇太后入庙之首服，饰以凤凰。

其后代有沿革，或九龙四凤，或九翠四凤，皆后妃之服。明时，皇

■ 新娘穿的服装

妃常服，花钗凤冠。其平民嫁女，亦有假用凤冠者。但《续通典》所载，则曰庶人婚嫁，但得假用九品服。妇服花钗大袖，所谓凤冠霞帔，于典制实无明文也。至国朝，汉族尚沿用之，无论品官士庶，其子弟结婚时，新妇必用凤冠霞帔，以表示其为妻而非妾。

头戴凤冠，脸遮红盖头，上身内穿红绢衫，外套花红袍，颈套项圈天官锁，胸挂照妖镜，肩披霞帔，再挎个子孙袋，手臂缠"定手银"，下身着红裙、红裤、红缎绣花鞋。这是一个典型的传统新娘造型。

我国少数民族的婚礼服与汉族有很大差异，但也是其民族特色的表现。许多民族的婚礼服饰都有一些世代流传下来的特殊风俗讲究。少数民族的婚礼服饰，很大程度上是把盛装当作嫁衣。

瑶族姑娘在婚礼服上有许多装饰，如开屏孔雀、水中游戈的鱼、36朵梅花等。苗族姑娘极其喜爱佩戴

《续通典》 清代嵇璜、刘墉等奉敕撰，纪昀等校订，成书于1783年，取财原则是先见取正史，再参以《唐六典》《唐会要》《五代会要》《册府元龟》《太平御览》《山堂考索》《契丹国志》《大金国志》《元典章》《明集礼》《明会典》等典志。

银饰，前胸戴银锁和银压领，胸前、背后戴的银披风下垂许多小银铃。两只衣袖有以火红色为主基调的刺绣，袖口镶嵌着一圈较宽的银饰，多穿百褶裙，再加上亲手刺绣的花腰带、花胸兜。

水族婚服多以水家布缝制的无领大襟半长衫或长衫为主，上装的肩部一圈及袖口、裤子膝弯处皆镶有刺绣花带，包头巾上也有色彩缤纷的图案。头戴银冠，颈戴银项圈，腕戴银手镯，胸佩银压领，耳垂银耳环，脚穿绣花鞋。

彝族新嫁娘在出嫁之日要着花边红色喜衣、红色喜帕，披一件精工制作的羊毛披毡，并跳起披毡舞。朝鲜族人举办婚礼时新郎要头戴纱帽，身穿礼服，脚穿白袜。新娘头挽"大发"，上戴"簇头里"，发钗上悬垂两条宽"发带"，垂于前胸两侧，穿淡绿色上装，下穿红色长裙，外披长衣，脚穿白袜和勾勾鞋。回族办婚礼，都要穿上红色的棉袄，主要是讲究吉庆。新娘头上还要搭上一块红绸子或红纱头巾。

侗族等地区有新娘穿旧衣出嫁的风习流行，新娘出嫁这天，送亲的姑娘都穿新衣、戴银器、首饰，唯独新娘穿着旧衣、草鞋，且无头饰、首饰，

刺绣 我国民间传统手工艺之一。即用针线在织物上绣制的各种装饰图案的总称。就是用针将丝线或其他纤维、纱线以一定图案和色彩在绣料上穿刺，以缝迹构成花纹的装饰织物。我国刺绣主要有苏绣、湘绣、蜀绣和粤绣四大门类。

■古代凤冠

■ 唐代新娘新郎装

直裾 指直裾袍，是华夏衣冠体系中深衣制的一种，上下连裳，又称襜褕。裾就是指衣服的大襟。直裾下裳部分剪裁为垂直，衣裾在身侧或侧后方，没有缝在衣上的系带，由布质或皮革制的腰带固定。至东汉以后，直裾逐渐普及，成为深衣的主要模式。

不带嫁妆。

壮族新娘出嫁时要穿黑色的嫁衣，并由穿黑衣裤的伴娘陪伴，打着黑伞去男家。壮族认为穿黑色嫁衣才表示喜庆、吉利。

由我国传统婚礼服文化发展的整个历程我们会发现，尽管婚礼服经过了漫长历史的演变，它所蕴含的民族特征的核心意义却仍然没有改变。

从风俗上来看，我国民间在结婚办喜事时，绝大多数地区和民族都有特制的新婚礼服。婚服要新，取"新婚大喜"之意。若着旧装，则不吉利，或有新人不贞之嫌。

在我国，服饰审美与传统文化有着密切的联系，服装被纳入社会体系中，开始了它的变化与发展。当服饰艺术融入了礼仪教化、伦理道德、宗教训诫的内容后，便摆脱了具象表现的束缚，逐渐形成独特的意象艺术，婚礼服尤其如此。它所表达的寓意为吉祥喜庆、高贵欢快，成双成对、白头偕老、早生贵子等誓言。

古代婚礼服的样式为梁冠礼服，基本为直裾，上面附加一些礼服的配件，比如玉佩、彩绦、络穗、蔽膝、绶佩等。这些都是作为礼服不可少的，身上再披红花结带。女式为广袖对襟翟衣头戴珠凤冠。

婚礼服受当时服饰影响，属于一元文化的范畴，具有大一统观念，即人们在穿着中习惯于不突出个性，服装造型上重视空间效果，在结构上采取平面的直线裁剪法，强调用来保护人体，所以剪裁得十分宽松。服装的形制标志着平衡、和谐。

婚礼服共同点大多是注重色彩，搭配上对比强烈、色彩鲜明的颜色，并加上夺目的配饰。中国人的婚礼主色是红色，男女婚服，皆应是大红色。红色在我国是幸福、吉祥、喜庆的颜色，意味着幸运、幸福、威严、生命、兴旺、爱情、热烈，是传统性的用于喜庆活动的颜色。

历朝女式婚服颜色多为大红色，男式的唐宋至明也都是红色，但秦汉是黑色。红色婚服起源于准庶人着绛纱袍亲迎的先例。直至宋代，宫廷命妇

■龙凤呈祥礼服

的婚服还是青色。汉代以前大多是周制婚礼，玄黑色和纁黄色的婚礼服，象征着天地的神秘色彩。

传统婚礼服图案多种多样，异彩纷呈，有龙凤呈祥、戏水鸳鸯等，都是中华民族传统的吉祥图案，象征和和美美，团团圆圆，成双成对，或五子登科，象征早生贵子。图案本身也很有讲究，对襟呈完整的对称感，其在我国文化里本身就代表合称、合美的意思。

传统婚礼服的材质受到当时服装面料的影响，多为丝绸、锦缎、棉麻等。旗袍的面料多用织锦缎、素缎或库缎等丝绸织物，上面多有刺绣。服装上还大量运用了亮片、蕾丝、饰花、饰珠来装饰。

在婚礼服中配以大量配饰也是我国民族特色的一大表现。饰品以金银、玉器居多。

唐朝时新娘的发簪金翠花钿、霞帔、红盖头，新郎的金花、红帛。明清新娘的凤冠霞帔、项圈天官锁、红色绣花鞋等象征吉祥。后来新娘佩戴红绒花，以谐音"荣华"，象征富贵。

阅读链接

皇家婚礼有很多特殊之处。按照清代礼仪，大婚之日，皇帝穿礼服乘轿出宫，先到慈宁宫向皇太后行礼，然后到太和殿升御座，派遣使者出发奉迎皇后入宫。迎亲队伍到皇后家行册立礼后，簇拥着皇后的凤轿返回，经过大清门进宫。

按清朝定制，大清门除了皇太后、皇帝可以随时出入以外，任何臣民不得擅行，皇后也只有大婚之日才有一次进出此门的机会。凤轿到太和殿或乾清宫后，皇后下轿，正副使臣便完成任务离去。然后由内监、导从命妇伴随，共拥皇后步行到交泰殿。在这里，恭侍命妇接替导从命妇奉迎皇后，皇后改乘八人孔雀顶轿入坤宁宫，等候与皇帝行成亲礼。之后，皇帝到坤宁宫，行合卺礼，饮交杯酒，大婚即告成。

婚姻文化

婚嫁是人生的一件大事，在民间诸多礼仪往来中，送礼幛是一种古老而常用的形式。幛语用字简短，有一个字的，如结婚用的"喜"字，通常用4个字的较多，如贺婚用的"百年好合""佳侣天成"等。

我国的对联从唐宋时期流行以来，发展到清代更为昌盛。后来应用到喜庆上面，如喜联、贺联。字数有四言、五言、六言、七言、八言。古往今来的佳联，不胜枚举，形成独具特色的婚联文化。

恭贺新婚送喜幛

在民间诸多礼仪往来中，送贺幛是一种古老而常用的形式。幛是由匾额派生而来的，因匾额笨重，把匾上的题词移到布或者绸上即成为"幛"。贺幛用语都是用来庆贺、颂扬、褒奖喜事的，贺婚喜幛就是其中的一种。

喜幛的颜色分为大红和粉红两种。喜幛的尺寸，民间通常遵守：双幅为一丈四尺，单幅为七尺或七尺半，其中以双幅居多。

贺幛可以横写，也可以竖写。竖写的称贺在右上，落款在左下，

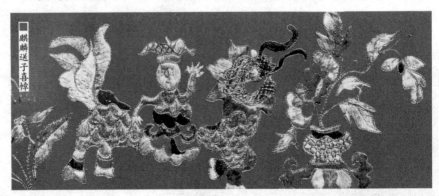

麒麟送子喜幛

当中为幛语，祝贺的年、月、日则竖写在落款左边。

幛语用字简短，多为送礼用的辞句，含有吉利、祝福的意思，因此，所选幛语以妥帖为宜。喜幛用词多是4个字构成的成语，比如：天作之合、天成佳偶、百年好合、佳偶良缘、喜成连理、花好月圆、

鸾凤和鸣、比翼双飞、琴瑟调和、秦晋之好、白首偕老、红鸾天喜、龙凤呈祥、红绳相牵、永偕伉俪、才子佳人、燕侣莺俦、郎才女貌、良辰美景、五世其昌、金玉满堂、满堂富贵、金兰之好、凤凰于飞、珠联璧合、永结同心等。

"在天愿作比翼鸟，在地愿为连理枝"，是我国唐代著名诗人白居易《长恨歌》中的著名诗句，古往今来，人们都将比翼鸟和连理枝作为恩爱夫妻的最好比喻。

"连理枝"的典故则来自我国古代神话著作《搜神记》中的一则故事。说战国时代的宋国大臣韩凭与妻子何氏两人感情恩爱，但在当时宋君康王无道，因看上何氏的美丽贤淑，便把韩凭囚禁了起来。

何氏暗中写封信给丈夫，信上说："其雨淫淫，河水大深，日出当心。"不料信件却落入了宋王手中。

此信是何氏的绝命诗，其中"日出当心"指的是

琴 古代弦乐器，又称瑶琴、玉琴，俗称古琴。最初是五根弦，后加至七根弦。古琴的制作历史悠久，许多名琴都有可供考证的文字记载，而且具有美妙的琴名与神奇传说。琴，作为一种特殊的文化，代表了古老神秘的东方思想。古琴，目睹了中华民族的兴衰，反映了华夏传人的安详沉静、洒脱自在的思想内涵。

■喜鹊登梅喜幛

瑟 我国古代的一种弹弦乐器，共有25根弦。古瑟形制大体相同，瑟体多用整木斫成，瑟面稍隆起，体中空，体下嵌底板。瑟面首端有一个前岳山，尾端有3个后岳山。尾端装有4个系弦的柄。首尾岳山外侧各有相互对应的弦孔。瑟是我国古老乐器中的代表乐器，对我国音乐乐器发展有着巨大影响。

"心有死志"。果然，何氏利用陪康王出游的机会跳楼自尽了，韩凭知道后也在不久后殉情自杀了。

康王震怒不已，下令将两人分葬两处，还说"若两人的墓能合在一起，就不再阻止了。"没想到几天后，两座坟的墓地都长出了树来，枝干树叶合抱在了一起，树根也纠缠了在一块儿，树上还有一对鸟儿在鸣叫，声音相当哀婉动人。这就是"连理枝"的典故由来。

关于"连理枝"，在民间留下了很多动人的传说。有一个传说是说，在混沌之初，玉皇大帝的女儿玉女在混沌之中与父母走失，流落在两江之交的地方，就是雅龙江与金沙江汇合处的一户农家。

已成农家女的玉女不仅天姿聪慧，而且心地善良。她的美貌远近闻名，很快就传到了这一带的头人耳里。头人便带领家丁强行抓走了玉女。

村里的田姓小伙得知，便邀约同伴，一村一村，聚集众多，前往头人山寨，将山寨围住，要头人交出玉女。头人反击，小伙子与大家进行围攻，闹得天翻地覆。

人间的这场争斗被玉帝得知后，就派人查访，得知是为争玉女，于是，玉帝就派出天兵天将，要人间交出玉女。

在混战之中，田姓小伙与玉女相见，逃出头人大寨，很快便逃出两江汇合口。他们在金沙江边寻得一处隐蔽之所，搭棚而栖，天地为媒，结为夫妻。两人的日子甜甜美美，于是就把居住的地方取名"馨田"。

谁知，那天玉帝派的天兵天将攻破头人大寨，没有见到玉女，于是玉帝便派人四处查访，最终得知玉女下落，就令玉女返回天庭。

玉女与丈夫死活不愿分开。玉帝大怒，就降洪水于金沙江，淹没了馨田村，也淹死了玉女与田姓小伙。

在洪水退去后，在江边长出了"两棵树"，当各自的树干长到3米左右时，横空的树干长了出来，把

127

美好寓意

婚姻文化

■ 传统婚礼婚房摆设

玉帝 道教认为玉皇为众神之王，据传居住在玉清宫，在道教神阶中修为境界不是最高，但是神权最大。玉皇大帝除统领天、地、人三界神灵之外，还管理宇宙万物的兴隆衰败和吉凶祸福。在中华文化中，玉皇大帝被视为天地的无上真宰，是内三界、十方、四生、六道的最高统治者。

两棵树干连在了一起，各自的树干有多粗，横空连在一起的树干就有多粗。这横空的树干把两棵树相连后，各自的树干又长出树梢，向天伸展。这就是民间传说的爱情美好象征，即连理枝。

"秦晋之好"出自春秋战国时期，那时的秦国和晋国，是两个相邻的强国。有时相互联合，有时相互利用，甚至彼此通婚。

晋献公把自己的大女儿嫁给了秦穆公，史称秦穆夫人。在晋献公去世之后，公子夷吾继位，史称晋惠公。惠公为了加强与秦国的关系，就把太子子圉送到秦国做人质。秦穆公为了表示友好，便将女儿怀嬴嫁给了子圉。不料，子圉偷偷逃回晋国。一年以后，惠公去世，子圉继位，史称晋怀公。

在外流亡了十九年的晋公子重耳，最后来到秦

■ 结婚迎亲队伍塑像

国。由于他才华出众，待人忠厚，秦穆公很欣赏他，便把同宗族的五个女子嫁给了重耳，其中有一个就是太子子圉的秦国前妻怀嬴。

有一天，怀嬴捧着水盆给重耳浇水洗手，重耳洗完了不用手巾擦手，而是把手上的水甩掉。怀嬴生气地说："秦晋两国地位对等，您为什么轻视我。"

重耳知道自己错了，马上脱去上衣，把自己囚禁了起来，表示向怀嬴赔罪。

秦晋两国国君通过几个通婚，建立了良好的外交关系，后人便将两姓联姻称为"秦晋之好"。

阅读链接

贺幛是用作祝贺或吊唁的礼物，通常是用整幅的绸布，上面绣着祝贺或者是哀悼的词句。简单的几个字就可以，精致的则要配上一篇华美的幛词和吉祥精美的图案纹样。

喜幛是我国传统礼仪中较常用的祝贺人嫁娶的形式之一，最早为帝王所用，后来逐渐发展到民间，后来成为一种文雅的交际手段。

布置新房贴喜联

古代喜房内景

在我国古代神话传说中，相传有一个鬼域的地方，当中有座山，山上有一棵覆盖3000里的大桃树，树梢上有一只金鸡。每当清晨金鸡长鸣的时候，夜晚出去游荡的鬼魂就必须赶回鬼域。

鬼域的大门坐落在桃树的东北，门边站着两个神人，名叫神荼和郁垒。如果鬼魂在夜间干了伤天害理的事情，神荼、郁垒就会立即发现并将它捉住，就用芒苇做的绳子把它捆起来，送去喂虎。因此，天

下的鬼魂都畏惧神荼、郁垒。于是，民间就用桃木刻成他们的模样，放在自家门口，以示辟邪。

后来，人们干脆在桃木板上刻上神荼、郁垒的名字，认为这样做同样可以镇邪去恶。这种桃木板后来就被叫作"桃符"。

到了五代后蜀时期，当时后蜀国的国君孟昶是个喜欢标新立异的国君，他在有一年除夕突发奇想，让他手下的一个叫辛寅逊的学士，在桃木板上写了两句话，作为桃符挂在他的住室门框上。这两句话是：

新年纳余庆，
佳节号长春。

前一句的意思是：新年享受着先代的遗泽；后一句的意思是：佳节预示着春意常在。

从此开始，桃符的形式和内容就发生了变化，这不仅表现在开始

■ 古代婚礼场景蜡像

辛寅逊（约880年—约974年），他为人耿直，不畏权势，博学善文。曾任后蜀简州刺史、翰林学士，为我国第一副春联"新年纳余庆，佳节贺长春"的作者。他归顺北宋后，被宋太祖赵匡胤封为镇国行军司马。他曾参与撰修《前蜀书》，并著有《王氏开国记》等书。

用骈体联语来替代"神荼""郁垒"，而且还扩展了桃符的内涵，不只是辟邪驱灾，还增加了祈福许愿的内容。这就成了我国最早的一副对联。

到了宋代，在桃木板上写对联，已经相当普遍了。同时，随着门神的出现和用象征喜气吉祥的红纸来书写桃符，以往桃符所肩负的驱邪避灾使命就逐渐转移给了门神，而桃符的内容则演化成了用来表达人们祈求来年福运降临和五谷丰登的美好心愿。

"对联"一词的正式出现，则是在明朝初年。当年明太祖朱元璋当上皇帝之后，喜欢排场热闹，也喜欢大户人家每到除夕贴的桃符，就想推广一下。

于是，在这一年的除夕前，朱元璋颁布圣旨，要求金陵的家家户户都要用红纸写成的对联贴在门框上，用来迎接新春。

这年初一的早晨，朱元璋微服巡视，挨家挨户察看。他每当见到写得好的对联，就非常高兴，赞不绝口。他见到一家人没有贴对联，很是生气，就问什么原因。

侍从回答说：这是一家从事杀猪和劁猪营生的师傅，过年特别忙，还没有来得及请人书写对联。

朱元璋就命人拿来笔墨纸砚，为这家人书写了一副对联：

> 双手劈开生死路；
> 一刀割断是非根。

金陵 是南京的别称，亦是南京久负盛名的称呼。南京这座著名古都，在漫长历史中曾经有过很多名称，其中最响亮的莫过于"金陵"了。直到现在，金陵仍是南京最雅致而古老的别称。南京是中华文明的重要发祥地之一，明朝建立后，明太祖朱元璋也在此建都。

133

美好寓意

婚姻文化

写完后，朱元璋继续巡视。过了一段时间，朱元璋巡视完毕返回宫廷时，又路过屠户家，见到这家还没有贴上他写的对联，就问是怎么回事？这家主人很恭敬地回答道："这副对联是皇上亲自书写的，我们高悬在中堂，要每天焚香供奉啊！"

朱元璋听了非常高兴，就命令侍从赏给这家30两银子。

到了清朝，对联的思想性和艺术性都有了很大提高，在当时已成为一种文学艺术的形式。对联虽然是诗词的一种演变形式，但因其主要功能是用于悬挂张贴，所以必须以书法形式来展现其内容，因此对联在我国书法的

■ 传统的结婚礼堂摆设

表现形式下，成为我国独特的一种文学艺术形式。

古往今来，多少文人墨客都乐于书写对联，用以酬酢赠答，并将对联雅悬斋壁，于吟诵之间品味佳韵，于翰墨之中感悟美文，令人为之倾情。

婚联是按对联所题内容和对象等的不同而划分的一大类，是指人们用于为他人祝贺结婚这一人生乐事时所题的对联。亲友馈赠婚联为贺，一般具有隆重之意或典雅之趣。当然，婚联要根据张贴场所进行撰制，是非常讲究的。

婚联有四字婚联、五字婚联、六字婚联、七字婚联、八字婚联、九字以上婚联、四季婚联、月令婚联、节日婚联等。其中四字婚联如：

■ 抬嫁妆雕塑

■ 古代婚礼场景蜡像

东风入户，喜气盈门。

郎才女貌，龙腾凤翔。

鸳鸯福禄，鸾凤吉祥。

五字婚联如：

喜望红梅放，乐迎新人来。

祥光拥大道，喜气满闺门。

六字婚联如：

良日良辰良偶，佳男佳女佳缘。

喜共花容月色，何分秋夜春宵。

并蒂花开四季，比翼鸟伴百年。

绝句 起源于两汉，成形于魏晋南北朝，兴盛于唐朝，当时都是四句一首，称为"联句"，南朝文学理论家刘勰创作的文学理论著作《文心雕龙·明诗》中说"联句共韵，则柏梁余制"。唐宋两代，是我国经典诗歌的黄金时代，绝句风靡于世，创作十分繁荣，名章佳作犹如群芳争艳，美不胜收，可谓空前绝后。

■婚礼迎亲队伍塑像

佳偶百年欣遇，知音千里相逢。

七字婚联如：

连理枝头腾凤羽，合欢筵上对鸾杯。

柳丝喜发千枝绿，桃蕾欣开并蒂红。

亲密胜似鸳鸯鸟，同心赛过比目鱼。

梧桐枝上栖双凤，菡萏花间立并鸳。

跨凤令娇登凤阁，乘龙快婿步龙门。

关于"跨凤令娇登凤阁，乘龙快婿步龙门"一联，据说是出自一个传说。相传在春秋时期，秦国国君秦穆公有个小女儿，她出生的时候，正好有人献给秦穆公一块美玉璞石。

秦穆公小女儿1周岁抓周时，唯独抓取这块玉石把弄不舍，于是，秦穆公便给小女儿取名"弄玉"，又称"玉女"。

弄玉长到十几岁时，姿容无双，聪颖绝伦，唯独性情孤僻，尤其

婚事礼俗

嫁娶礼俗与结婚喜庆

她十分厌恶宫里的烦琐礼仪，常常一个人待在深宫里品笛吹笙。

秦穆公见女儿这么喜欢笙，就命巧匠剖美玉为笙送给了她。弄玉自从得了玉笙以后，练习吹笙的时间就更加长了，而且技艺也更加精湛了。

秦穆公钟爱女儿，为女儿建了一座凤凰楼让她居住，并在楼前筑一高台，名"凤凰台"，弄玉每天在凤凰台上吹碧玉笙，时有百鸟和鸣。

弄玉15岁时，秦穆公想为女儿招邻国王子为婿，弄玉不从，她发誓说："一定要善于吹笙，能和自己唱和的，方是我夫，若非宁可不嫁！"

秦穆公珍爱女儿，只得依从于她。后来，秦穆公派人遍访天下，一直没有找到合适的人选。突然有一天夜里，弄玉在月光下赏月，倚着栏杆吹起笙来。这时好似有一阵袅袅仙乐，在和着弄玉的玉笙。

弄玉仔细一听，是从东方传来的洞箫声。一连几夜，都是如此。弄玉趁闲谈的机会，就把有人在远处为她伴奏的事告诉了父皇。秦穆公便派大将孟明根据公主所说的方向去寻访吹箫的人。

孟明一直寻到华山，才听樵夫们说："有个青年隐士，名叫

■ 清代嫁女画面

萧史，在华山中峰明星崖隐居。这位青年人喜欢吹箫，箫声可以传出几百里。"

孟明来到明星崖，找到了萧史，并把他带回了秦宫。

萧史拜见秦穆公，秦穆公命他吹箫。萧史取出赤玉箫，玉色温润，红光耀目，简直精美绝伦。

萧史吹出第一曲时，清风习习而来。吹出第二曲时，彩云从四方来聚。吹至第三曲时，见有一对对白鹤翔舞于空中，一双双孔雀栖集于林际，百鸟和鸣。

秦穆公非常高兴。弄玉在帘内也非常惊喜，认定此人正是自己的夫君！秦穆公于是命令太史择日，于中秋日引萧史与弄玉成亲。

萧史位列朝班，但不参与国政，他居凤楼之中，不食烟火，有时只饮酒几杯。弄玉也慢慢学会了导引辟谷之法，渐渐颗粒不食。

萧史教弄玉用箫吹《来凤》之曲，两人吹出的箫声简直达到了精美绝伦和出神入化的地步。如此过了半年以后，忽然有一天夜里，夫妇于月下吹箫时，天上飞下了金龙紫凤。于是萧史跨龙，弄玉乘凤，自凤凰台翔云而去了。后来人们所说的"乘龙快婿"，就

■ 新郎迎亲

用典 亦称用事，凡诗文中引用过去的有关人、地、事、物之史实，或语言文字，用以作为比喻，增加词句的含蓄典雅之美，即称为"用典"。典故的种类可分为明典、暗典和翻典。明典是令人一望即知其用典；暗典于字面上看不出用典的痕迹，须详加体会；翻典即反用以前的典故，使其产生意外的效果。

是由此而来的。

八字婚联如：

风暖丹椒青鸟对舞，日融翠柏宝镜初开。

枫艳堂前芳连玉叶，梅开岭上瑞霭琼英。

九字婚联如：

天喜地喜催得红梅放，

主欢宾欢迎将新人来。

月令婚联正月如：

新春迎贵客春暖花并蒂，

长子结良缘鸟鸣材交柯；

香梅迎春灯结彩红梅吐艳迎淑女，

抬嫁妆雕塑

喜气入户月初圆美酒飘香酬嘉宾。

婚联多取材于诗词、典故、格言、俗语，有些还用动物、植物等词联缀成联。如新房门上常用联：

红叶题诗成佳夫妇，
赤绳系足结好姻缘。

红叶题诗的典故，是说在唐朝宣宗时期，有一位年轻的书生卢渥到京城参加考试后，他带着仆人外出游玩。他俩经过后宫外面的一条小河时，卢渥突然发现小河中有一片漂浮的红叶，而且叶上隐隐有字，卢渥马上让仆人把那片红叶捞了上来。

仆人把红叶交给卢渥，卢渥一看，红叶上题着一首五言绝句：

流水何太急，深宫尽日闲；

■结婚拜天地蜡像

殷勤谢红叶，好去到人间。

卢渥读完诗，心中暗想：这红叶一定是宫中一位很有才气的宫女题诗后扔在水中然后顺水漂来的。"

卢渥回到客栈，把红叶珍藏在衣箱里。不久发榜了，卢渥高中进士，随即被派到范阳去做了地方官。

过了一段时间，唐宣宗看到后宫宫女太多，决定放出一部分宫女，卢渥因此获准到长安挑选一个宫女作自己的妻子。卢渥赶到长安，挑选了一个文静而秀丽的宫女回到范阳。他虽然很喜欢她，但又不免想到那个在红叶上题诗的宫女。

卢渥回到范阳后的当天，他就和那个宫女成亲了。洞房花烛之夜，他情不自禁地拿出那片红叶，想对妻子讲述红叶上的诗以及当时捞到红叶的情况。不料，他的妻子一见到红叶，万分惊异，便吟道："流水何太急，深宫尽日闲；殷勤谢红叶，好去到人间。"

卢渥一听，说："你就是那个题诗的宫女，真是太巧了啊！"

■年画刘备招亲

"当时，我偶然在红叶上题了首诗，放在河中，没有想到被郎君捡到了，还一直珍藏着，这真是太巧了啊！"

"这是我们的缘分呀！"卢渥惊喜地说。

两人无比激动兴奋。第二天，卢渥的亲友都知道了这件事，他们简直不相信这是真的。有人让卢渥的妻子当场题诗一首验看笔迹，结果笔迹一模一样。

后来，"红叶题诗"这一典故，就用来描写情思和闺怨了，也用来描写良缘巧合。还有一则婚联是：

画眉喜仿张京兆，
点额欣谐宁寿阳。

"画眉"出自著名史书《汉书·张敞传》。在汉朝时期，京兆尹张敞为官没有官架子，经常在散朝后步行回家。他们夫妻十分恩爱，他每天都为妻子描眉画眼，而且技艺十分娴熟，画出的眉毛十分漂亮。当时的汉宣帝得知后为此召见他们夫妻，还将他们树立为夫妻恩爱的典范。

后来，人们于是就用"张敞画眉""京兆画眉""张敞画""京兆画""张敞眉""京兆眉"等来表现夫妇恩爱之情，用"画眉张敞""画眉夫婿""画眉张""画眉敞""画眉客"等形容多情丈夫。

用此典的作品很多，反映到诗作中的，如范成大的"只烦将到妆台下，试比何如京兆画"；孔尚任的"天子多情爱沈郎，当年也是画眉张"；骆宾王的"不能京兆画蛾眉，翻向成都骑骓引"等，都是有名的佳句。

　　有的婚联以叠句贴在新房的格子竹窗上，颇具新颖雅趣。如：

　　　　鸟恋林鱼恋水情哥恋情妹
　　　　云配月叶配花佳女配佳男

　　　　新婚新偶新人人人如意，
　　　　佳期佳景佳时时时称心。

　　结婚，是人生的一件大事，喜庆祝福是婚嫁仪式的重要形式。结婚悬联，已经是我国人民的传统习俗。一副热烈、吉庆、幽默的婚嫁联，往往会给婚礼增加无限的情趣。

阅读链接

　　传说在盛唐开元年间，玄宗下诏让宫女们缝制军袍，赏给边塞守军。一位边塞守兵在军袍中发现了一首诗，上面写着："沙场征戍客，寒苦若为眠。战袍经手作，知落阿谁边。蓄意多添线，含情更著绵。今生已过也，重结后身缘。"

　　这位士兵不敢隐瞒，上报了统帅，统帅又呈报了朝廷。于是，玄宗下令将此诗拿给六宫嫔妃宫女们看，并宣旨说："作此诗者只要坦白出来，我不降罪于她。"

　　有一宫女上前承认自己罪该万死。玄宗非常同情她，下令将这位宫女嫁给得到诗的那位兵士，边疆将士听到后都很感激。

双喜临门成双喜

我国广大人们逢有结婚吉庆时，都要在门上、窗户、厅堂和洞房器物上贴上红纸"囍"字，反映了人们盼望喜事成双的心理。传说这与北宋宰相王安石年轻时双喜临门的故事有关。

那一年王安石23岁，正值大比之年，他赴京赶考到汴梁后住在舅

■剪纸红双喜

舅家。饭后漫步在街头，他偶见马员外家门楼上悬挂着一盏走马灯，细细一看，灯上闪出"走马灯，马灯走，灯熄马停步"的对子，他不禁拍手称道："好对呀，好对!"

这时，旁边站着一位老人家，向王安石作揖说道："此上联已贴数月，

■农村婚房内景

至今尚无应对，相公既然说好对，请略等片刻，待我禀报员外知道，一定求教。"

王安石因为第二天将要赴考，无暇思忖下联，不等老人家出来便回舅舅家了。

第二天，王安石在考场上对答自如，一挥而就。主考大人见其年纪轻轻，才华横溢，很是十分喜欢。在传王安石面试时，主考官手指厅前飞虎旗吟道："飞虎旗，虎旗飞，旗卷虎藏身。"

王安石想起昨日的上联，便信口吟道："走马灯，马灯走，灯熄马停步。"主考大人听罢，不禁频频点头。

王安石辞别主考大人，回到舅舅家。谁知刚坐定，只见昨日那位老人家匆匆赶来，说道："哎呀！相公，好不容易得知你住此地，快随我走吧，我家员外等着呢！"

走马灯 我国传统玩具之一，灯笼的一种，灯内点上蜡烛，烛产生的热力造成气流，令轮轴转动。轮轴上有剪纸，烛光将剪纸的影投射在屏上，图像便不断走动。因多在灯的各个面上绘制古代武将骑马的图画，而灯转动时看起来好像几个人你追我赶一样，故名"走马灯"。

我国传统婚姻场景

王安石随老人家来到马家，马员外见了他，一边施礼让座，一边命人取来文房四宝请王安石写下联。王安石不假思索，便将主考大人的上联挥笔献上："飞虎旗，虎旗飞，旗卷虎藏身。"

马员外见王安石写得龙飞凤舞，很是满意。于是吩咐丫鬟拿与女儿一看。员外女儿一见此对，对得得体，字体遒劲，便含羞点头。

马员外大喜，于是就跟王安石说明："此上联乃小女为选婿所出，悬挂数月竟无人能对。现为王相公对出，真是联句成对，姻缘成双啊！"

马员外立即亲赴王安石舅舅家为女儿求亲，双方定在三天后，为王安石和马小姐完婚。

第三天，正是吉日良辰，忽听大门外人欢马叫，两个报子前来报喜："王大人金榜题名，头名状元，明日一早，皇上亲自召见，请赴琼林宴！"

琼林宴是为殿试后新科进士举行的宴会，始于宋代。宋太祖规定，在殿试后，由皇帝宣布登科进士的名次，并赐宴庆贺。由于赐宴都是在著名的琼林苑举行，"琼林苑"是设在宋京汴京城西的皇家花园。在1112年以前，在琼林苑宴请新及第的进士，故该宴有"琼林宴"之称。

王安石一听自己金榜题名，请赴"琼林宴"，真是喜上加喜。顿时鼓乐喧天，鞭炮齐鸣，与马小姐拜过天地，进入了洞房。

新娘粉面含笑，对王安石说道："王郎才高八斗考得状元，又与奴家结为连理，真是大登科遇小登科，双喜临门呀！"

王安石听后，哈哈大笑，便将此事叙述了一遍，说："全仗娘子出得好联，下官何功之有？"

说罢，王安石提笔在红纸上写了一个斗大的"囍"贴于门上，又吟诗一首：

巧对联成红双喜，天媒地证结丝罗。

金榜题名洞房夜，小登科遇大登科。

从此，结婚贴"囍"就在民间流传开来，成为喜庆吉祥的标志。不仅堂屋当间挂"囍"，大门外贴"囍"，而且窗花也剪"囍"，被褥枕头上也绣

殿试 指在科举考试中由皇帝亲自出题的考试。殿试是科举考试中的最高一段，分为三甲，一甲三名赐进士及第，通称"状元""榜眼""探花"，二甲赐进士出身，第一名通称"传胪"，三甲赐同进士出身。

147

美好寓意

婚姻文化

■红双喜灯笼

"囍"，以求得到吉祥如意的彩头。

窗花 贴在窗纸或窗户玻璃上的剪纸。过去无论南方北方，春节期间都贴窗花。后来南方结婚时才贴，春节一般不贴了，而北方贴窗花还十分盛行。窗花的样式比较自由，除了贴在四角的角花和折剪的团花之外，其外轮廓都没有什么限制。窗花的题材内容非常广泛，以戏曲故事数量较大。

事实上，这个传说是在贴双喜婚俗的基础上产生的。它之所以为人们津津乐道，就在于它起到了阐释、渲染、传承贴红双喜婚俗的作用。而贴红双喜婚俗真正的起源，应是民间的喜神崇拜，与走喜方、迎喜神等有着密切联系。

在走喜方、迎喜神活动中，喜神主要是婚姻之神。随着喜神影响的逐渐扩大，人们在举行婚礼时，必然更多地向喜神祈福，希望喜神光临洞房，给新人带来更多喜气。

然而，喜神自古没有留像，所以人们便根据喜事成双的心理，将两个喜字连起来作为喜神的标志，张贴于洞房，以祈求婚姻幸福美满。

在历史上，人们也曾创造过喜神的形象，或用和合二仙与祖先神来代替喜神，然而都没有流传开来，

■ 婚礼戏曲剧照

红双喜盘

因为人们创造的喜神基本上是天官的翻版，没有显著的特色。何况和合二仙与祖先神也不是专门的喜神。只有红双喜这个符图，作为喜神的标志而代代传承了下来，在婚典中仍被普遍使用。

"囍"的贴法很有讲究，"喜"字讲究成双成对，如果单扇门，则门的正反面都应贴"喜"字。家居内的装饰"喜"字也以双数为宜，以示讨个好彩头。

如近期有邻居成亲，邻居家贴的"囍"字还未脱落的，就不要摘除"囍"字，尽量买同样或稍大一点的"囍"字盖住原有的"囍"字，寓意"喜上加喜"。家中的"囍"字除了会妨碍日常生活的"囍"字，婚礼第二天可摘除外，大门的"囍"字最好让其自然脱落，或在结婚一年后再进行清理。

过年时人们为了图个口彩，习惯将"福"字倒贴。"囍"字千万不可倒贴，要保持水平位置贴正，很是有讲究呢！

在我国人们心目中，红色意味着吉祥。嫁女娶媳除了要披红挂彩、悬挂喜幛以及张贴喜联和红双喜外，结婚还要分发红喜蛋，不论你是亲友还是陌生人，都可以跟新娘讨要，小孩子就更不用说了，有时候老年人也会来凑热闹。办喜事的人家一定会高高兴兴地把喜蛋送给你。

■古代婚礼拜堂

　　结婚为什么要分发红喜蛋呢？据说，这个习俗还是从蜀汉皇帝刘备那儿开始的呢。据说在东汉末年，汉室宗亲刘表占据荆州。当时荆州主要有七个郡，即南阳郡、南郡、江夏郡、长沙郡、零陵郡、武陵郡、桂阳郡，地处长江中游，资源丰富，人口众多，经济文化都比较发达。

　　此外，自荆州向西可以进取益州，也就是汉中一带，向东可以进击江东，地理位置十分重要，可谓是兵家必争之地。

　　公元208年，在赤壁之战后，兵家必争的荆州七郡被西蜀刘备、北魏曹操和东吴孙权三家瓜分，曹操占据荆州北部最大的南阳郡，孙权得到江夏郡和南郡，刘备得到荆州南部4个郡，即长沙、零陵、桂阳和武陵。

　　由于当时江陵在孙权手中，刘备要向益州发展就无路可行。因此，刘备借口地盘小，容不下人马，两次向孙权提出"借"荆州之地。

　　东吴军师鲁肃竭力劝说孙权将东吴占据的部分荆州"借"给刘备，好让刘备站稳脚跟，与东吴一起抵御曹操。孙权听了鲁肃的劝说，就把荆州的南郡"借"给了刘备，一则让刘备充当抗曹的战略前哨，二则以此向刘备表示友好。

果然，刘备凭借荆州为基地，西进占据了益州，北上不断攻击襄阳。这样一来，同时也威胁到了孙权的上游安全。因此，刘备得了益州后，孙权马上就派人去讨还南郡，双方为此剑拔弩张，关系紧张。

东吴名将周瑜见刘备借荆州后没有归还之意，便定下了美人计，准备将孙权的妹妹孙尚香许配给刘备，企图乘刘备过江之时，把刘备扣留下来作为人质，以夺取荆州。

这一计策被刘备的军师诸葛亮识破，于是，刘备去东吴时带了大量染红的鸡蛋。一到东吴，不论宫廷内外大小官吏和将士，刘备逢人便分，无一遗漏，并称这是皇室礼仪。于是被分到红喜蛋的人都感到十分光荣，没有分到红喜蛋的人还纷纷到刘备的住处去讨要。

对此，刘备是来者不拒，一般的来客刘备就让手下的人派发，遇到头面人物他还亲自动手分发，因此大造了招亲的舆论。

■古代婚礼蜡像

去，涛声回荡在天外。这正是传承长江千年文明的体现。只有传承，才有发展，才会有更长久的巨变。

滚滚长江，大浪搏击。长江精神更是一种开拓进取、勇于牺牲的精神。从源头那一滴滴水汇集成波涛汹涌的大河，长江像一位激昂伟岸的父亲，用他那有力的浪涛为儿女开辟了一条通向远方的航道。长江通过大运河与黄河及渭水相通，成为我国主要的运输河流，成为名副其实的"黄金水道"。

滚滚长江，继往开来。长江是一种永不枯竭的民族之魂，激励着中华民族从远古走向未来，从中国走向世界，以继往开来、开拓进取的精神屹立于世界民族之林。

长江的水哺育了她的儿女，她的勇往直前精神也为儿女们所继承，正是这种精神激励着她的儿女创造一个又一个奇迹。

伟大的母亲河长江，以其独特的姿态传承着古老文明国度的文化，并成为中华民族的独特福荫，福荫华夏千秋万代！

中华巨龙

长江文明与历史渊源

阅读链接

长江在航运方面造福了长江流域，也将鱼米之乡的富饶成果带到了全国各地，造福了古今的全国人民。但是，长江仍时有水患发生。

据说，当年秦昭王派李冰为蜀郡太守，李冰到任后最大的业绩是平除蜀郡的水患，建造了都江堰。人们感于李冰的功德，不少关于李冰父子的传说在民间广为流传。

相传，李冰根除了为江神娶妻的陋俗，化身为水牛与江神争斗，终于除掉了为非作歹的江神。后来，他又与儿子"二郎神"带领"梅山七圣"降了危害人间的恶龙。这些传说的产生与流传，表现出人们对治理水患的李冰父子的无比爱戴。

改革开放后的数十年对于滚滚长江来说只是"逝者如斯"的一瞬间，然而对于我国却发生了翻天覆地的巨变。

两岸人民，推陈出新，与时俱进。向世人展示长江人"敢叫日月换青天"的勇气和力量，向世人展示着华夏儿女拼搏进取的精神。淳朴的长江儿女，岁月不仅改变了他们的容颜，同样改变了他们的内心，创新精神体现了古老的长江文明，也体现了博大的中华文明。

滚滚长江，以人为本，为民服务，正如长江激荡着奔向大海，长江儿女也以开拓的精神奔向世界，展现出中国的力量。

滚滚长江，历史传承。在千年文明的积淀中，长江精神也是一种传承历史的精神。长江源头的那一滴滴活水是千年冰川的融化，是千年汇集的历史精华。

你从远古走来，巨浪荡涤着尘埃，你向未来奔

■《长江万里图》

秦昭襄王（前325—前251），又称"秦昭王"，是秦惠文王之子，秦武王之弟。公元前251年，昭襄王逝世，时年75岁，史书简称其为"秦昭王"。他在位时间是秦历代君王中最长的一位，他在政治军事诸方面都建立了卓越的功勋，特别是军事方面的成就，即使较之始皇帝也毫不逊色，为秦国的发展做出极为杰出的历史贡献。

151

历史新篇

开创辉煌

东吴本来没有这种风俗习惯，都觉得很新鲜，便一传十，十传百，使家家户户都知道东吴公主即将与刘备成亲了。结果假戏真做，刘备得了个好夫人，而周瑜却落得"赔了夫人又折兵"的下场。从此江南人结婚便又添了一个分红喜蛋的风俗，预示着无论有多少困难，最终有情人都会终成眷属。

后来，结婚送红喜蛋的习俗就从江浙传到了全国各地。又因为"蛋"与"诞"谐音，象征着新生与希望，因此，生小孩时也用送红喜蛋的方式向亲友"报喜"。

后来，红喜蛋不仅成为结婚、添子、祝寿等喜事的标志，而且形成了有喜事吃喜蛋的习俗。又因喜蛋与喜气相连，当人们身体欠佳、心情不好的时候，也喜欢食红喜蛋，寓意讨个好彩头，红喜蛋也因此成为极具浓郁传统特色的开心美食。

阅读链接

传说在明代浙江杭州有个方秀才，他上京赶考船过苏州时，看见岸上有户富商悬联招婿。联曰："走马红灯，灯红马走，红灯灭熄，走马停步。"虽人山人海，却没有人出来应对。方秀才也被难住了，为了不误考期，他只得将对联牢记心中。

到京城开科考试那天，主考大人以"飞虎黄旗"为题出了一联"飞虎黄旗，旗黄虎飞，黄旗翻卷，飞虎藏身"。此时，方秀才心里一亮，便以苏州富商悬联招婿的上联作对，主考大人阅后，大加赞赏，将其录取为进士。

方秀才归途中喜气洋洋，踌躇满志。在途经苏州时，仍见悬联招婿的上联无人对出下联。此时，他便把主考大人出的上联作下联以对。富商一见十分满意，便设宴招方秀才为乘龙快婿。一副巧合的对联竟使方秀才双喜临门，他大喜过望，便在洞房花烛夜的那间新房雪白的墙上，并排而工整地书写了两个大红"喜"字。

党的十八大报告指出："文化是民族的血脉，是人民的精神家园。全面建成小康社会，实现中华民族伟大复兴，必须推动社会主义文化大发展大繁荣，兴起社会主义文化建设新高潮，提高国家文化软实力，发挥文化引领风尚、教育人民、服务社会、推动发展的作用。"

我国经过改革开放的历程，推进了民族振兴、国家富强、人民幸福的中国梦，推进了伟大复兴的历史进程。文化是立国之根，实现中国梦也是我国文化实现伟大复兴的过程，并最终体现为文化的发展繁荣。习近平指出，博大精深的中国优秀传统文化是我们在世界文化激荡中站稳脚跟的根基。中华文化源远流长，积淀着中华民族最深层的精神追求，代表着中华民族独特的精神标识，为中华民族生生不息、发展壮大提供了丰厚滋养。我们要认识中华文化的独特创造、价值理念、鲜明特色，增强文化自信和价值自信。

如今，我们正处在改革开放攻坚和经济发展的转型时期，面对世界各国形形色色的文化现象，面对各种眼花缭乱的现代传媒，我们要坚持文化自信，古为今用、洋为中用、推陈出新，有鉴别地加以对待，有扬弃地予以继承，传承和升华中华优秀传统文化，发展中国特色社会主义文化，增强国家文化软实力。

浩浩历史长河，熊熊文明薪火，中华文化源远流长，滚滚黄河、滔滔长江，是最直接的源头，这两大文化浪涛经过千百年冲刷洗礼和不断交流、融合以及沉淀，最终形成了求同存异、兼收并蓄的辉煌灿烂的中华文明，也是世界上唯一绵延不绝而从没中断的古老文化，并始终充满了生机与活力。

中华文化曾是东方文化摇篮，也是推动世界文明不断前行的动力之一。早在500年前，中华文化的四大发明催生了欧洲文艺复兴运动和地理大发现。中国四大发明先后传到西方，对于促进西方工业社会的形成和发展，曾起到了重要作用。

　　中华文化的力量，已经深深熔铸到我们的生命力、创造力和凝聚力中，是我们民族的基因。中华民族的精神，也已深深植根于绵延数千年的优秀文化传统之中，是我们的精神家园。

　　总之，中华文化博大精深，是中国各族人民五千年来创造、传承下来的物质文明和精神文明的总和，其内容包罗万象，浩若星汉，具有很强的文化纵深，蕴含丰富宝藏。我们要实现中华文化伟大复兴，首先要站在传统文化前沿，薪火相传，一脉相承，弘扬和发展五千年来优秀的、光明的、先进的、科学的、文明的和自豪的文化现象，融合古今中外一切文化精华，构建具有中国特色的现代民族文化，向世界和未来展示中华民族的文化力量、文化价值、文化形态与文化风采。

　　为此，在有关专家指导下，我们收集整理了大量古今资料和最新研究成果，特别编撰了本套大型书系。主要包括独具特色的语言文字、浩如烟海的文化典籍、名扬世界的科技工艺、异彩纷呈的文学艺术、充满智慧的中国哲学、完备而深刻的伦理道德、古风古韵的建筑遗存、深具内涵的自然名胜、悠久传承的历史文明，还有各具特色又相互交融的地域文化和民族文化等，充分显示了中华民族的厚重文化底蕴和强大民族凝聚力，具有极强的系统性、广博性和规模性。

　　本套书系的特点是全景展现，纵横捭阖，内容采取讲故事的方式进行叙述，语言通俗，明白晓畅，图文并茂，形象直观，古风古韵，格调高雅，具有很强的可读性、欣赏性、知识性和延伸性，能够让广大读者全面接触和感受中国文化的丰富内涵，增强中华儿女民族自尊心和文化自豪感，并能很好继承和弘扬中国文化，创造未来中国特色的先进民族文化。

2014年4月18日

大美之江——壮丽山川

文明孕育——远古遗存

历史新篇——开创辉煌

长江是亚洲第一大河，世界第三大河，已有1.8亿年历史。长江和黄河并称为中华民族"母亲河"。长江文化是中华文化的重要链条，也是中华民族长江文明与精神的源头。

长江发源于青藏高原唐古拉山主峰各拉丹冬雪山，途中流经三级阶梯，自西向东，长江支流众多，长江流域东西宽约3219千米，南北宽约966千米，流经11个省、自治区、直辖市，最后在上海注入东海。长江全长6397千米，具有极为丰富的自然资源和水资源。

大美之江

壮丽山川

青黄二龙大战魍魉造长江

　　据说有一年，人间大旱，山神土地们纷纷告急天界。如来佛祖知道青龙、黄龙两条孪生龙深谙人间世道，便差遣它们来到人间，为人间除害。

■长江源头

■ 唐古拉雪山

青黄二龙来到人间，经过仔细查探得知，又是住在东海之滨的作恶多端的"魍魉"二妖在人间作怪。这两个妖精让它们的魔子魔孙分散到人间，到处放火，又施法术让每个人心里藏一种"疬火"，使人们互相作恶，搅乱了人间的世界。

青黄二龙看到人间如此情景，痛心不已，决心替人间除去恶魔，重整人间正道。于是，他们化装成两个出家人，以治疗邪病为名，以去除人们心中的恶念之疾。

由于受"魍魉"的毒害，当时的人普遍患了一种叫"魇"的病，只有暗算别人或做一些损人利己的事，才能暂时缓解这种病痛带来的巨大痛苦。

化装成和尚的青黄二龙，先让人们服用一些朱砂、珍珠和海藻，教人们念驱除"疬火"的咒诀。经过这样的调治，很多人很快就恢复了善良的本性，解

如来佛 释迦牟尼佛，即如来佛祖，原名悉达多·乔达摩，佛教创始人。成佛后被称为"释迦牟尼"，尊称为"佛陀"，意思是大彻大悟的人。民间信徒称呼他为"佛祖"。本是古印度迦毗罗卫国的太子，是释迦族人，属刹帝利种姓。

除了心疾之痛。

有关出家人给人治病的事情，一传十，十传百，人们奔走相告。3个月以后，成千上万的人开始重新过上了正常人的生活，人们纷纷传说人间来了两位活神仙。

居住在东海之滨的"魍魉"，听说有人破了它们的法术，便派手下两员得力的干将鳄鱼精和蛤蟆精前来人间探听虚实。

蛤蟆精狡诈且诡计多端，它说服头脑简单而又凶悍的鳄鱼精，扮成两个前去疗疾的病人，混在人群里，来到两个和尚居住的地方。

已有千年道行的蛤蟆精在山头远远望去，它看到一片树荫下，两位和尚头上放出青黄两道光，直通太虚幻境。蛤蟆精知道对方来头不小，便心生一计。

它告诉鳄鱼精，这是两个小毛神，不必放在心上。它让鳄鱼精先坐在地上歇息，它一个人去把两个小毛神抓回去见主子。

鳄鱼精听后大怒道："这便宜不叫你蛤蟆精一个人捡了吗？"说着，它便现了原神，张开铡刀般大嘴直扑两位和尚。

长江源头

005

大美之江
壮丽山川

■ 长江源头纪念碑

两位和尚早知是两个妖精来了，坐在那里不动声色。见鳄鱼精现出原形直扑过来，其中一位手中打出一个弹子大小的龙珠，对准鳄鱼精，只一下便把它打翻在地。

鳄鱼精见势不妙，正要翻身逃跑，另一位和尚把手一翻，便把它抓了个脑浆崩裂。蛤蟆精却趁此机会驾一阵风急忙跑回东海之滨，告诉"魑魅"那两位和尚是青黄二龙。

"魑魅"听后大怒，亲自点魔兵5万前来挑战。青黄二龙先让人们隐藏起来，然后驾云布阵，在空中迎战"魑魅"。青黄二龙各施法力，与魔兵大战了七天七夜。"魑魅"二妖眼见自己的魔兵越来越少，又商量了一个歹毒的主意。

魑魅 古代传说中的山川精怪。一说为疫神，传说颛顼之子所化。严格地说，是"山精"，是"木石之怪"的总称呼。还有一说，魑魅是颛顼的二儿子，这个儿子死得很早，冤魂不散，所以化作魑魅到处为害。

"魍魉"二妖各施魔法，招集所有死心塌地跟随它们的人，由自己驾驭，分南北排成两条长蛇阵。从远处望去，妖雾缭绕，像盘踞在大地上的两条喷火的滚滚巨龙，缓缓向中间挤来。巨龙所过之处，万物皆为焦土，二妖决心把青黄二龙和挣脱它控制的人一齐灭掉。

青黄二龙已经和魔兵苦战了几天几夜，身疲力竭。当他们看到"魍魉"妄图毁掉自己救出的人时，便下定决心保护他们。

于是，他们不顾安危，化成青黄两条冰凉的大河，分别迎着两条"火龙"而去。当它们与"火龙"接触时，死心塌地跟随魍魉的人与魔子魔孙纷纷被巨大的旋涡卷入河中。

又经过了三天三夜，青黄二龙终于把两条"火龙"赶出数千米之外。青黄二龙用他们巨大的身躯，渐渐地把"火龙"压在身体之下。

最后，两条龙伤了元气，渐渐嵌入地下，形成两条长达数千米的大河。后来，人们为了纪念青黄二龙，就把两条河流分别取名为"长江"与"黄河"。

直至后来，长江和黄河两岸的炎黄子孙，仍靠两条大江大河养育，生生不息地繁衍着。

006

中华巨龙

长江文明与历史渊源

阅读链接

在我国古代文献中，常用"江"来特指长江。东晋王羲之和孙绰是较早用"长江"之名的。在《晋书·王羲之传》中，王羲之写信给殷浩说："今军破于外，资竭于内，保淮之志非复所及，莫过还保长江！"这段话的意思是，现在敌军在外部进攻，而内部的军资已经用尽。保淮河流域的设想已经不能再实现了，还不如退回去保住长江流域。

在《晋书·孙绰传》中，孙绰上疏道："天祚未革，中宗龙飞，非唯信顺协于天人而已，实赖万里长江画而守之耳。"

造山运动造就万里长江

青黄二龙大战魍魉造长江的故事只是一个神话传说，长江真正起源于地球三叠纪末期的一次造山运动。

长江的历史源远流长，沿程贯穿着若干不同线系的山地和不同时代的构造盆地，它的形成与发育历史以及地质构成都十分复杂。

■造山运动遗迹

■ 造山运动形成山川

青藏高原 我国最大、世界海拔最高的高原，分布在我国境内的包括西南的西藏自治区、四川西部以及云南部分地区，青海的全部、新疆维吾尔自治区南部以及甘肃部分地区。境内面积257万平方千米，平均海拔4千至5千米，有"世界屋脊"和"第三极"之称，是亚洲许多大河的发源地。

早在远古时代，长江流域的绝大部分都被海水淹没。在2亿年前的三叠纪时，长江流域大部分仍被古地中海，即特提斯海所占据。

在当时，西藏、青海部分、云南西部和中部、贵州西部都是茫茫的大海。湖北西部是古地中海向东突出的一片广阔的海湾，海湾一直延伸到后来的长江三峡中部。长江中下游的南半部也浸没在海底，中下游的北部和华北、西北亚欧古陆的东部，地势较高。

发生在1.8亿年前三叠纪末期的印支造山运动，促使了古长江的形成。那时，地球上开始出现了昆仑山、可可西里山、巴颜喀拉山、横断山脉，秦岭突起，长江中游南半部隆起成为陆地，云贵高原开始呈现。在横断山脉、秦岭和云贵高原之间，形成断陷盆地和槽状凹地。

这一时期，云梦泽、西昌湖、滇湖等相互串联，从东向西，经云南西部的南涧海峡，流入地中海，与后来的长江流向相反，这便是古长江的雏形。

在1.4亿年前的侏罗纪时期，发生了一次燕山运

动。这次运动使得长江上游形成了唐古拉山脉。此时，青藏高原缓缓抬高，形成许多高山深谷、洼地和裂谷。

当时，长江中下游的大别山和川鄂间巫山等山脉开始隆起，四川盆地开始凹陷，古地中海进一步向西部退缩。直到距今1亿年前的白垩纪时期，四川盆地才缓慢上升。由于夷平作用的不断发展，云梦盆地和洞庭盆地又继续下沉。

大约在3000万年至4000万年前的始新世，地壳又发生了强烈的喜马拉雅山运动。伴随着这次强烈的地质运动，青藏高原隆起，古地中海消失，长江流域普遍间歇上升。其上升程度，东部和缓，西部急剧。金沙江两岸高山突起，青藏高原和云贵高原显著抬升，同时形成了一些断陷盆地。

在长江的上游有一条江，沿江盛产沙金，因为江

009

大美之江

壮丽山川

■ 金沙江第一湾

中出现大量淘金人而称"金沙江"。金沙江的主要支流为流域面积超过10万平方千米的雅砻江，此外还有左岸的松麦河、水落河和右岸的普渡河、牛栏江、横江5条流域面积在1万平方千米以上的支流。

关于金沙江还有一个美丽的传说呢。传说金沙江是一位聪明善良、美丽动人、追求理想的姑娘。姑娘的父亲是天神雷公，母亲是马头山姆。她的母亲怀胎9999年后，她才出世，她由月亮洗过后，就开始走自己的前程。

当金沙江走到纳西族居住地时，人们给她取名为"依丙"，从此她和纳西族结下了不解之缘。后来，她要去东边的大海找妈妈。

就在她即将到达石鼓的时候，她被凶恶的石岩挡住，她一次次地猛推，石岩阻挡她，汹涌的水流便淹没了田园村落。她不忍心，便一口将洪水吸干，解救了身陷水患的人们。

天上的主神天帝见金沙江如此善良，就派一员大将把石岩射开，劈开一条道路，金沙江才离去。她走的时候依依不舍，一步三回头，过了3339年后又返回来，这段江河便形成曲曲弯弯的河道。

中华巨龙
长江文明与历史渊源

■奔腾的金沙江

　　传说终归是传说，大自然的鬼斧神工却是真实的存在。在河流的强烈下切作用下，大地上出现了许多深邃险峻的峡谷，原来自北往南流的水系相互归并，折向东流。

　　长江中下游上升幅度较小，形成中、低山和丘陵，低凹地带下沉为平原，如两湖平原、南襄平原、都阳平原和苏皖平原等。到了300万年前时，喜马拉雅山强烈隆起，才使得长江流域西部进一步抬高。

　　说起喜马拉雅山，要从20亿年前说起。当时的喜马拉雅山脉地区还是一片汪洋大海，称"古地中海"，它经历了整个漫长的地质时期，一直持续到3000万年前的新生代早第三纪末期。

　　到了早第三纪末期，地壳发生了一次强烈的造山运动，在地质上称为"喜马拉雅运动"，使这一地区逐渐隆起，形成了大地上最雄伟的山脉。但是，喜马拉雅的构造运动尚未结束，在第四纪冰期之后，它又升高了1.3千米至1.5千米，而且在漫长的岁月中，它还一直处在缓缓的上升中。

　　喜马拉雅山脉是从阿尔卑斯山脉到东南亚山脉，这一连串欧亚大

■ 清澈的金沙江

陆山脉的组成部分，所有这些山脉都是在过去6500万年间，由地壳造成巨大隆起的环球板块构造力形成的。在侏罗纪时期，一条深深的地槽特提斯洋与整个欧亚大陆的南缘交界了，古老的贡德瓦纳超级大陆开始解体。

在其后的3000万年间，由于特提斯洋海底被向前猛冲的印澳板块推动起来，它的较浅部分逐渐干涸，于是形成了西藏高原。在高原的南缘，外喜马拉雅山脉成为这一地区的首要分水岭，并成为一个天然屏障，水流才得以在此汇聚。

后来，又经过了若干世纪，从湖北伸向盆地的古长江溯源侵蚀作用加快，切穿了巫山，使东西古长江贯通一气，江水浩浩荡荡，注入东海，长江最终形成，并成为我国的第一大河。

长江水系分为上、中、下游3段。长江在湖北宜昌以上为上游，包括沱沱河水系、通天河水系、金沙江水系和川江水系等。

京杭大运河 是我国，也是世界最长的古代运河。北起北京，南至杭州，流经天津、河北、山东、江苏和浙江，沟通海河、黄河、淮河、长江和钱塘江五大水系，全长1794千米。京杭大运河对我国南北地区的经济、文化发展与交流，特别是对沿线地区工农业经济的发展均起到了推动作用。

中游自宜昌至鄱阳湖湖口，包括清江、洞庭湖水系、汉江、鄂东诸河等支流，曲流发达，多湖泊，其中以鄱阳湖和洞庭湖两湖最大。

下游自鄱阳湖湖口至长江口，包括鄱阳湖水系、皖河、巢湖水系、青弋江、水阳江、滁河、淮河入江水道以及太湖水系等支流，江宽，江口有冲积而成的崇明岛。长江下游水道更宽，水深更深，下游所流经的地方有"鱼米之乡"之称，并可通航5000吨级以上船只。

长江流域是我国人口密集、经济繁荣的地区，沿江重要城市有重庆、武汉、南京和上海等。长江在四川奉节以下至湖北宜昌为雄伟险峻的三峡江段。

长江是我国水能和资源最富集的河流，长江干流通航里程达2800多千米，素有"黄金水道"之称。长江年平均入海水量约9600多亿立方米。

长江流经西藏、四川、重庆、云南、湖北、湖南、江西、安徽、江苏等地，在江苏镇江同京杭大运河相交，在上海注入东海。

阅读链接

关于金沙江还有一个美丽的传说。传说远古造山运动时期，珠穆朗玛崛起成了万山之王，王城就在神州西方。王妃唐古拉山有个女儿叫金沙江。

一天，金沙江偷偷乘夜出行，却误入滇西。她只好来到玉龙雪山和哈巴雪山镇守的王城边关。因有王命，不能随便入关，待到夜深时，哈巴雪山对金沙江说："姑娘，你走吧！趁这美丽的夜色。"

于是，金沙江告别哈巴雪山，冲出百里长峡。哈巴雪山自知罪责难逃，便自刎在江边。

后来，珠穆朗玛和唐古拉王妃听说这件事后非常悲伤，立即派人带着嫁妆赶去四川，在宜宾和江南为女儿金沙江操办了婚事，从此后金沙江就叫"长江"了。

源于唐古拉山脉的大河

　　在美丽的青藏高原，有一处奇特的山峰各拉丹冬雪山，这里景观奇特壮观。山上是冰雪的世界，到处银装素裹。山下草原上盛开着五颜六色的野花，姹紫嫣红，草原上点缀着成群的牛羊。这里就是绵延万里的长江发源地，也是我国最具特色的冰川雪山之一。

　　各拉丹冬位于唐古拉山中段，藏语意为"高高尖尖的山峰"，海

■ 沱沱河景区

拔约6.6千米,是唐古拉山脉的主峰。各拉丹冬突耸于青海西南部青藏边境,系由一大片南北长达50余千米,东西宽约30余千米,攒聚约50余条巨龙般之山岳冰川群所组成。

长江上游河段西起青藏高原各拉丹东,东至湖北宜昌,全长4511千米。该段干支流流域覆盖面积宽广,包含青藏高原,东至湖北宜昌,北到陕西南部,南至云南以及贵州北部的广大地区。

长江自江源各拉丹冬峰西南侧的姜根迪如南支冰川开始,冰川融水与尕恰迪如岗雪山东南一交融水相汇合,称"纳钦曲"。往北穿过古冰川槽谷,出唐古拉山区与切苏美曲汇合后,称为"沱沱河"。

沱沱河便是长江的上源,出自青海的唐古拉山脉各拉丹冬雪山,经当曲以后称为"通天河"。南流到玉树县巴塘河口以下至四川宜宾这一段称为"金沙江",宜宾以下始称"长江"。

沱沱河河谷开阔,岔流发育呈辫状,北流至祖尔肯乌拉山区,折转东流,旁蚀发展,宽浅多汊,变化不定,为典型的宽谷游荡型河流。至囊极巴陇附近,当曲从右岸汇入后,始称"通天河"。

■ 奔流的通天河

藏族 我国56个民族中的一个，主要聚居在西藏自治区以及青海、甘肃、四川、云南等处，有自己的语言和文字。藏语属汉藏语系藏缅语族藏语支，分卫藏、康巴、安多三种方言。现藏文是7世纪初根据古梵文和西域文字制定的拼音文字。

通天河向东南流，河床逐渐束窄，两岸山岭相对高差可达500米左右，河谷呈宽"V"字形。登艾龙曲口以下入峡谷区，河槽归一，水深增加。至青海直门达，长江干流沱沱河和通天河全长1100余千米。其中沱沱河长350多千米，落差近2千米。

江源西部地区，人迹罕至，有"无人区"之称。东部人口稍多，居民主要为藏族，从事畜牧业，玉树附近始有农业和林业。

直门达以下江段称为"金沙江"，南流至云南丽江石鼓，为金沙江上段，长950余千米。本段为典型的深谷河段，相对高差可达2.5千米以上，除局部河段为宽谷外，大部分为峡谷。两岸人烟稀少，矿产资源有铜、铁、云母、石棉、金等，大部分未开发。

石鼓至四川宜宾为金沙江下段，横跨川滇两地，全长1300多千米，落差1.5千米。南流金沙江过石鼓后，急转弯流向东北，形成了"长江第一弯"，南北

两岸为海拔5千多米的玉龙雪山和哈巴雪山。

然后，金沙江穿过举世闻名的虎跳峡大峡谷。虎跳峡大峡谷峰谷高差达3千多米，峡谷全长近20千米，落差200多米，是金沙江落差最集中的河段。水落河口以下，又掉头向南流到金沙江，后再折转向东。这里两岸山岭稍低，河谷有所展宽，但峰谷之间高差仍达1千米左右。

四川西部是山的世界，大部分地区是崇山峻岭，悬崖峭峰。雅砻江就发育在这块奇异的土地上。

雅砻江干流总长约1500千米，在尼坎多以下流入四川后，基本是向南流向，在连绵不断的峡谷中咆哮、怒吼着，以势不可当的气概，向南穿过以黄金产地闻名的新龙县。

然后，它又飞过海拔约7.6千米高的贡嘎山后，来到盛产良木的木里县白碉附近，环绕着锦屏山绕了个100多度的大急弯，形成著名的雅砻江大江湾。

雅砻江流域内地形异常复杂，上游地面为波状起伏的浑圆山丘及

■ 雅砻江江湾

缓坡，河谷多为草原宽谷。在这里，江水较为平缓。在宽浅的河谷中悠悠缓行，江水清澈见底，在阳光的照耀下泛出五彩光斑。

它的北岸是海拔4千米以上的石渠、色达、若尔盖丘状高原，呈现"天苍苍，野茫茫，风吹草低见牛羊"的草原景观。

但进入雅砻江中游，地形切割越来越深，河谷越来越窄，江水也如飞箭离弦，狂奔乱跳，特别是在雅江以下，峭岩深谷紧密相间，峰顶谷底高差达两三千米，大有"黄鹤之飞尚不得过，猿猱欲渡愁攀援"之势。

江中，险滩连绵，礁石林立，浪花飞溅，涛声如雷。真可谓"飞湍瀑流争喧豗，砯崖转石万壑雷"。过了盐源金河，雅砻江岸坡才较为平缓，江面也逐渐开阔起来。

长江自宜宾至宜昌这一河段，通称"川江"，流经四川与湖北，全长1000多千米。这一河段有岷江、沱江、嘉陵江、乌江四大支流汇入。

奉节至宜昌200多千米的河段，就是峰峦叠嶂、雄伟壮丽的长江三峡。关于三峡的巫山十二峰，还有一个美丽的传说。

传说在很久以前，瑶池宫里住着西天王母的第二十三个女儿，名为瑶姬。她在紫清阙里，她向三元仙君学得了变化无穷的仙术，被封为云华夫人，专司教导仙童玉女之职。

瑶姬生性好动，耐不住仙宫里的寂寞生活。终于有一天，她带着侍从悄悄地离开了仙宫，遨游东海。但是，当她看见大海的暴风狂涛，给人间造成严重的灾难时，便出东海腾云西去。

一路上，仙女们飞越千峰万岭，阅尽人间奇景，好不欢快。岂料来到云雨茫茫的巫山上空，却见12条蛟龙正在兴风作浪，危害人民。

瑶姬大怒，她决心替人间除龙消灾。于是，按住云头，用手轻轻一指，但闻惊雷滚滚，地动山摇。

待到风平浪静，12条蛟龙的尸体已化作12座大山，堵住了巫峡，壅塞了长江，使得滔滔江水，漫向

瑶姬 古代神话中的巫山女神，传说是王母娘娘之女，本名瑶姬，在消灭12条恶龙后又助大禹治水，怜惜百姓而化作神女峰守护大地。战国时楚怀王游高唐，梦与女神相遇，后宋玉陪侍襄王游云梦时，作《高唐赋》与《神女赋》追述其事。

■ 腾冲龙川江

田园、城郭，四川一带变成了一片汪洋大海。

为了治理水患，治水英雄大禹立刻从黄河赶到长江。然而，山势这般高，水势这般急，采用开山疏水之法，谈何容易？

瑶姬被大禹百折不挠的精神深深感动。正当大禹焦急万分的时候，她唤来黄摩、童津等6位侍臣，施展仙术，助大禹疏导了三峡水道，让洪水畅通东海。从此后，长江三峡才真正贯通起来。

大禹得知神女暗中相助，便登上巫山，找瑶姬致谢。大禹来到山上，只见眼前有一块亭亭玉立的青石，并无神女。

正在他疑惑不解之时，青石化为一缕青烟，袅袅升起，继而形成团团青云，霏霏细雨，游龙、彩凤、白鹤飞翔于山峦峡谷之间……大禹正在纳闷，美丽动人的瑶姬却出现在他的面前。

瑶姬说："你治水有功，但还要懂得天地间事物变化的道理。"瑶姬边说边取出一部治水用的黄绫宝卷送给大禹。从此以后，长江的水患解除了。

阅读链接

据民间传说，长江的水患虽已治理，但瑶姬并未离去，她仍然屹立在巫山之巅，为行船指点航路，为百姓驱除虎豹，为人间耕云播雨，为治病育种灵芝。

就这样，日复一日，年复一年，瑶姬忘记了西天，也忘记了自己，终于变成了那座令人向往的神女峰。她的侍从也化作一座座山峰，像一块块屏障，一名名卫士，静静地守立在神女的身旁。

神女峰的传说，在巫山地区流传甚广，其说不一，古代巫山百姓为纪念他们心中"神女"，尊称她为"妙用真人"。人们还在飞凤峰山麓，为她修建一座凝真观也就是神女庙。据说，在山腰上的一块巨型平台，就是神女向大禹授书的授书台。

极目长江楚天舒之三峡

伟大的长江被誉为中华民族的"母亲河"，它为世人留下了许许多多独一无二的人文景观。而在众多景观中，举世闻名的要数长江三峡。

长江三峡是瞿塘峡、巫峡和西陵峡3段峡谷的总称。它西起四川奉节白帝城，东到湖北宜昌的南津关，全长204千米。长江三峡是我国十大风景名胜之一，居我国40佳旅游景观之首。

■ 三峡景区内的白帝城

■ 瞿塘峡沿岸风光

白帝城 位于重庆奉节县瞿塘峡口的长江北岸,奉节东白帝山上,三峡的著名游览胜地。原名"子阳城",为西汉末年割据蜀地的公孙述所建,公孙述自号白帝,故又称为"白帝城"。白帝城城楼是观赏"夔门天下雄"的最佳地点。

瞿塘峡为长江三峡之一,西起奉节县白帝山,东迄巫山县大溪镇,总长8千米,是三峡中最短的一个,但最为雄伟险峻。

瞿塘峡以"雄"著称。西端入口处,两岸断崖壁立,高数百米,宽不及百米,形同门户,名为"夔门",素有"夔门天下雄"之称。左边的名为"赤甲山",右边的名为"白盐山",不管天气如何,总是映出一层层或明或暗的银辉。

奔腾咆哮的长江,一进峡谷便遇上气势赫赫的夔门,夔门两岸的山峰,陡峭如壁,拔地而起,把滔滔大江逼成一条细带,蜿蜒于深谷之中。

这里河宽只有一二百米,最窄处不过几十米。两岸主峰可高达1千米至1.5千米。在这里峡深水急的江流,绵延不断的山峦,构成了一幅极为壮丽的画卷。

在长江的白盐山上,有一块岩壁的颜色和其他地方不同,呈现出粉红色,这里就叫作"粉壁墙"。而

在粉壁墙上，则有著名的瞿塘摩崖题刻：

　　　　　夔门天下雄，舰机轻轻过。

　　一语道出了瞿塘峡特色所在。瞿塘峡的名胜古迹多而集中。峡口的上游有奉节古城、八阵图、鱼复塔。峡内北岸山顶有文物珍藏甚多的白帝城，惊险万状的古栈道，神秘莫测的风箱峡；南岸有历代题字刻满粉壁墙，富于传说的孟良梯、倒吊和尚、盔甲洞、洞幽泉甘的凤凰饮泉等。

　　在风箱峡下游不远处的南岸，有一座奇形异状的山峰，突起江边，人称"犀牛望月"，栩栩如生。出瞿塘峡，峡口南岸有著名的大溪文化遗址。

　　巫山县因巫山得名，在巫山有著名的巫峡。巫峡位于重庆巫山和湖北巴东两县境内，西起重庆市巫山县城东面的大宁河口，东迄湖北巴东官渡口，绵延40多千米，包括金蓝银甲峡和铁棺峡，峡谷特别幽深曲

八阵图 三国时诸葛亮创设的一种阵法。相传诸葛孔明御敌时以乱石堆成石阵，按遁甲分成生、伤、休、杜、景、死、惊、开8门，变化万端，可挡10万精兵。这个由天、地、风、云、龙、虎、鸟、蛇8种阵势所组成的军事操练和作战的阵图，反映了诸葛亮卓越的军事才能。

大美之江

壮丽山川

■ 奉节古城

■ 巫山风光

栈道 原指沿悬崖峭壁修建的一种道路。古代高楼间架空的通道也称"栈道"。三峡古栈道全长近60千米，包括道路、石桥、铁链、石栏等，高出江面数十米。过去，每至洪水季节，川江便禁航，三峡人民依绝壁一锤一凿，开凿三峡栈道，这才使三峡的交通得到改善。

折，是长江横切巫山主脉背斜而形成的。

巫山十二峰，分别坐落在巫峡的南北两岸，是巫峡最著名的风景区。它们上干云霄，壁立千仞，下临不测，直插江底；峡中云雾轻盈舒卷，飘荡缭绕，变幻莫测，为它们平添了几分绰约的风姿。而流传后来的种种美丽的神话传说，更增添了奇异浪漫的诗情。

巫峡名胜古迹众多，除有十二峰外，还有陆游古洞、大禹授书台、神女庙遗址、孔明石碑，以及那悬崖绝壁上的夔巫栈道、川鄂边界边域溪及"楚蜀鸿沟"题刻，还有那刻在江岸岩石上的累累纤痕，等等，无不充满诗情画意，历代文人都以他们的生花妙笔，为世人留下了灿若繁星的诗章。

巫峡谷深狭长，日照时短，峡中湿气蒸郁不散，容易成云致雾。云雾千姿百态，有的似飞马走龙，有的擦地蠕动，有的像瀑布一样垂挂绝壁，有时又聚成滔滔云纱。在阳光的照耀下，形成巫峡佛光，因而古人留下了"曾经沧海难为水，除却巫山不是云"的千

古绝句。

长江三峡中最长的峡谷是西陵峡。西陵峡西起秭归县香溪河口，东至宜昌市南津关，全长76千米。因其位于楚之西塞和夷陵的西边，故叫"西陵峡"。

西陵峡自上而下，共分4段，即香溪宽谷、西陵峡上段宽谷、庙南宽谷、西陵峡下段峡谷。沿江有巴东、秭归、宜昌3座城市。

西陵峡可谓大峡套小峡，峡中还有峡，如破水峡、兵书宝剑峡、白狗峡、镇山峡、米仓峡、牛肝马肺峡、灯影峡等。西陵峡两岸有许多著名的溪、泉、石、洞，屈原、昭君、陆羽、白居易、元稹、欧阳修、苏洵、苏轼、苏辙、寇准、陆游等众多的历史名人，都在这里留下了千古传诵的名篇诗赋。

西陵峡也是三峡最险要处，礁石林立，浪涛汹涌，两岸怪石横陈，以滩多水急著称，如著名的新滩、崆岭滩等。这些险滩，有的是两岸山岩崩落而

陆游（1125年—1210），字务观，号放翁，浙江省绍兴人。南宋著名诗人。少时受家庭爱国思想熏陶，曾在朝中任职，晚年退居家乡。他一生诗歌作品很多，存诗歌9000多首，著有《剑南诗稿》《渭南文集》《南唐书》《老学庵笔记》等。内容极为丰富，表现出他渴望恢复国家统一的强烈爱国热情。

025

大美之江

壮丽山川

■ 西陵峡风光

■ 西陵峡风光

成，有的是上游沙石冲积所致，有的是岸边伸出的岩脉，有的是江底突起的礁石。滩险处，水流如沸，泡漩翻滚，汹涌激荡，惊险万状。

在西陵峡北的秭归就是屈原的故乡，相邻还有汉代王昭君的故里。

长江三峡是川鄂人民生活的地方，主要居住着汉族和土家族，他们都有许多独特的风俗和习惯。每年农历五月初五的龙舟赛，是楚乡人民为表达对屈原的崇敬而举行的一种祭祀活动。

此外，巴东的背篓世界、土家族的独特婚俗，还有那被称为鱼类之冠、神态威武的国宝中华鲟，令无数人们对长江三峡心驰神往。

长江三峡的大气兼秀美，让人流连忘返，宜昌，三游洞，秭归，巴东神农溪，巫山小三峡，奉节白帝城，云阳张飞庙，忠县石宝寨，丰都鬼城，山城重庆，大足石刻等。

宜昌，古称"夷陵"，是一座古老的城市，位于

屈原（前340—前278），战国时期楚国人，是我国最早的浪漫主义诗人，是楚武王熊通之子，屈瑕的后代，我国文学史上第一位留下姓名的伟大的爱国诗人。他的出现，标志着我国诗歌进入到一个由集体歌唱到个人独唱的新时代。

宜昌西陵峡的三游洞，洞奇景美。山水秀丽，唐代诗人白居易与其弟白行简同行。路遇诗人元稹，三人同游此洞，饮酒赋诗，并由白居易作《三游洞序》写于壁上。三游洞因此得名。

宋代苏洵、苏轼、苏辙父子三人也游此洞并赋诗于壁上，自此，称白居易三人为"前三游"，苏洵父子三人为"后三游"。

三游洞下临深谷，峭壁百丈，冬暖夏凉，高6米多，深30米，宽20米。洞内景色奇丽，洞壁间有无数小洞，洞中有洞，因此被誉为"仙洞幻境"。

巴东神农溪源于湖北神农架，地处长江以北，流经巴东县境内，在巫峡东口附近注入长江。漂流溪段长约20千米，由鹦鹉峡和龙船峡组成。

沿溪两岸风景奇幽，峡谷幽深，苍翠欲滴。溪流清澈见底，乘"豌豆角"人力小木船快速漂流，惊险

027

大美之江

壮丽山川

■ 三游洞碑刻

■ 神农溪古庙

刺激。漂流过程中时常见到古栈道、古岩棺、溶洞、七色泉，以及金丝猴、鸳鸯等。

另一处景观便是巫山小三峡。大宁河古称"巫水"，发源于川、鄂、陕交界的大巴山南麓，于巫峡西口注入长江。这里河道蜿蜒，重岩叠嶂，山水奇异，构成独特的大宁河风光。大宁河小三峡由龙门峡、巴雾峡和滴翠峡组成，以山雄、水清、峰秀、滩险、石奇、景美著称，这里虽然不是三峡，却胜似三峡。

滴翠峡是长江三峡的一峡，从双龙至涂家坝，全长20千米，有"幽哉，滴翠峡"之赞。小三峡之美荟萃于此，故有"无限秀美处，最是滴翠峡"之誉。

关于滴翠峡还有一段美丽而动人的传说呢。相传，在很久以前，大昌镇的双龙村上住着一对打柴的老夫妇，膝下只有一子，名叫护峡。每天鸡才叫过头遍，老两口就把儿子喊起上山打柴。

一天早上，在明媚的阳光下，老夫妇脸上露着欢快的神情，笑吟吟地在树林里穿行，总舍不得砍，弄得儿子莫名其妙："爹，娘，你

们怎么啦？今天我们不打柴了吗？"

父亲望着儿子，温和地说："护峡，我们打柴人也要爱树木。是它们给人类香甜的花果，建房的栋梁，还招来了可爱的飞禽走兽，把峡谷映得这么美丽，生活在这里多么美好啊！"

父亲又说："记住，培植一棵树要十年、百年，砍掉一棵树只要一会儿。如果今天砍一棵，明天砍一棵，会把美丽的峡谷砍成光秃秃的黄土坡。我们打柴人，砍的是那些不成材的树。记住，这是老祖宗传下来的规矩。"

小儿子搂着爹的脖子说："我记住了。"

老夫妇这才拉起儿子，拿了斧头，扛着扁担，向着密林深处走去。他们专砍不成材的树木，把好树全部保留下来。

老夫妇带着儿子每天打柴。日久天长，他们和猴子混熟了，猴子们跳下树来帮他们捡柴送柴，给他们摘野果子解渴。经猴子们的带引，山中的飞禽走兽都成了他们的朋友。

■滴翠峡栈道

■ 滴翠峡石洞

员外 又称员外郎，古代官职，原指设于正额以外的郎官。隋代于尚书省24司各置员外郎一人，为各司之次官。在唐代贞观时期之前，吏部考功员外郎是科举考试的主考官。在唐开元年间后，改由礼部侍郎主持科举考试，并一直延续下来。

日子就这样一天天过去，护峡不觉长成了一个大小伙子。他和林里许多鸟兽结交成亲密的朋友。一天，老夫妇突然听见儿子在一棵桂花树下，对着三只大雁唱歌：

三只大雁飞下山，一对双来一个单。
双的宁河去戏水，单的孤独立江边。

老夫妇听了歌声，商议道："是啊，儿大该娶媳妇了。但住在这峡谷里，没有一个姑娘啊！"老夫妇犯起愁来。

护峡听到鸟兽们说，大昌镇上的张员外家有个18岁的小姐。这真是难以想象的事，因为张员外有钱有势，哪能把小姐嫁给无钱无势的打柴郎呢？

护峡只好每次在去镇上卖柴的时候，溜到张员外

的后花园外，朝着小姐绣楼呆望。有时摘片树叶，吹出百灵鸟叫声般动听的歌儿。日子久了，小姐被歌声迷住了，如若一天听不到护峡的歌声，她就觉得吃饭不香，睡觉不安。

一次，护峡生了7天病，没来镇上卖柴，小姐听不到歌声，像丢了魂似的，终日恍惚。等到护峡用树叶吹出的歌声从后花园外传来的时候，她忙撩开绣楼的红纱窗帘，伸出头来张望。看到小伙子竟长得眉清眼秀，魁梧英俊，不觉爱上心头。

护峡看到小姐也动了心。正在他不知如何是好的时候，小姐从窗口丢下一块绣着鸳鸯图案的手帕。护峡捡起那块手帕回到家，躲在无人处打开细看。久而久之，他害起相思病来了。

老夫妇发现了鸳鸯手帕，既同情儿子又可怜儿子。儿子却苦苦求道："爹娘呀！去向员外求亲吧，看他们意下如何？"

老夫妻拗不过儿子的要求，只好换上一身干净衣服，去到员外家，把儿子的心思说了。

张员外知道护峡是个英俊的小伙儿，但贫富悬殊，不门当户对，便有意为难，笑着说："要想娶我女儿，不难！只要你送来龙肝、虎胆、夜明珠三件宝物做聘物，我一定用花轿把小姐抬到你家去。"

老夫妻听完，垂头丧气地回到家，如实相告儿子，

■滴翠峡峭壁

大美之江
壮丽山川

并劝道："儿呀，就死了这条心吧，这是永远也办不到的事啊！"

护峡听了，从床上坐起来说："员外既然开口说了条件，可见这婚事有盼头了，儿就是走遍天下，也要弄到订婚的信物，把小姐娶过门来。"

说完，护峡穿好衣服，径直朝员外家走去。拜见了员外后说道："我要是按您提出的条件，送来这三件宝物，望大人不要反悔！"

员外取笑护峡痴呆，当着家役们说："我是一言既出，驷马难追。所提聘物，恐怕你就是粉身碎骨，也难办到吧！"

"那好，只要大人说话算数就行了！"

护峡要娶小姐心切，告辞员外就走了，他走进峡谷时，山中的飞禽走兽和花草树木朋友们都围拢过来，和他共商良策。大家一致认为：要寻取这三件奇珍异宝，必须去求巫山神女相助。

接着，众鸟兽争先恐后要求与护峡一起去求见神女，寻回宝物。护峡只点了猴王、树王和鹰王一同前往寻宝。

第二天，护峡辞别了双亲，带着"三王"朝着东面大山进发了。

■险峻的滴翠峡

　　员外见护峡寻宝离去，来到女儿绣楼，把护峡求婚之事告诉女儿，哪知小姐一听气哭了，泪流满面地说："爹爹呀，你怎么能这样苛求人家呢？这明明是叫他上天摘星，下水捞月啊！出这样的难题，会叫他吃尽苦头，甚至会舍去性命呀！"

　　员外被女儿一席话说得哑口无言，后悔不该这样刁难护峡。可是他已经出发了，要派人去追，也不知去向。

　　从这天起，小姐常常站在绣楼窗口边独自凝望远方，不知流下了多少悲伤的眼泪，人也忧虑成疾了。一天，护峡的朋友"五彩夫妻鸟"知道了此事，忙飞到绣楼红纱窗口，对小姐唱道：

　　　　　护峡寻宝走天涯，小姐不必泪花花，
　　　　　有话只管对我说，将你话儿传给他。

　　从此，护峡和小姐，就靠这对五彩夫妻鸟取得了风吹不断、雨打不消的空中联系。

■滴翠峡景区天坑

护峡和他的朋友"三王",历尽千辛万苦,走了14天的陡峭山路,来到一个遮天蔽日的大森林里。经过重重磨难,他们总算走到了神女峰前。

神女峰全是绝壁悬崖,哪里有神女呢?他们就沿山寻找,后来在绝壁上出现一座金碧辉煌的殿宇,从殿内走出一位文雅圣洁的姑娘,把他们迎进殿去。

护峡把请求神女帮他寻宝聘妻的事,一五一十地细说了一遍。精诚所至,金石为开。神女被护峡的精神深深感动了,决定成全他的姻缘。护峡赶忙叩拜神女。

神女取下一把宝剑,告诉他去取三件宝物的方法,并手舞银帕,在他们头上各拂了三下,说:"你们把宝物取得之后,都要留在峡谷,保护山林。刚说到这儿,只见一团云烟冲天而起,殿宇和神女姑娘全不见了。

护峡和朋友们高兴得又唱又跳,然后决定派"五彩夫妻鸟"先回

去把好消息告诉小姐。

护峡乘坐在拂了仙气的鹰王背上，眨眼之间就飞到了毒水河。经神女指点，他们在毒水河上找到一块大石头，猫头鹰一嘴啄开石头，衔出一颗夜明珠。接着来到双龙峡，找到独角巨龙。巨龙被护峡飞剑劈成两截，护峡取出龙肝。山洞中的一只大虎，护峡一剑结果了它的性命，剖腹取出虎胆。一匹飞马见状，吓得奋力向大山岩钻去。这便是流传久远的"龙进虎出马归山"的传说。

护峡得到三件宝物后，便同猴王、树王欢天喜地地骑在鹰王背上起飞。黄昏时候，夜明珠放出金光，从宁河上空照下来，把峡谷映得分外明亮娇美。

当夜飞到大昌镇上空时，员外和小姐以及镇上的百姓都跑出来看稀奇。当他们平平稳稳地落在员外家

天井 我国建筑中，天井是指四面有房屋、三面有房屋另一面有围墙或两面有房屋另两面有围墙时中间的空地。南方房屋结构中的组成部分，一般为单进或多进房屋中前后正间中，两边有厢房包围，宽与正间同，进深与厢房等长。因面积较小，光线为高屋围堵显得较暗，状如深井，故名"天井"。

■ 长江文化雕塑

的天井坝时，鼓乐齐鸣，员外亲自把护峡他们迎进了客厅。

员外心想：这样英勇的女婿，打起灯笼都难找呀！便同意把小姐许配他。并且派了彩船，到双龙村把护峡的双亲接到他家。

当护峡和朋友们把三件宝物献给员外时，小姐从屏风后面走了出来，与护峡双双向员外和爹娘行三拜九叩的大礼。

员外家张灯结彩，鸣炮吹打，好不热闹。夜间，夜明珠把客厅和大昌镇的大街小巷照得通明透亮；龙肝和虎胆放入一口大锅熬着，散发的热气异香扑鼻。镇民们嗅到香气，得了病的人立即恢复了健康。

第三天，员外把三件宝物送还给女儿和女婿，连同嫁妆，一并派彩船护送他们回峡谷。整个峡谷热闹了三天三夜。

从此，峡林中更加生气盎然。鹰王担任了对夜行人的报警之责，大树落地生根繁茂生长，猴子在树林中繁衍生活。护峡与小姐一起护林造林，把这段峡谷打扮得苍翠欲滴，美丽如画。后来人们便给此段峡谷取了个名字"滴翠峡"。

白帝城

■阆中古城张飞庙

　　除了滴翠峡，另一处著名的景观就是白帝城。白帝城位于奉节城东4千米的瞿塘峡西口，长江北岸草堂河与长江汇合处的紫色丘陵上。

　　自古以来，众多文人来此参观游览，并留下了著名的诗句，素有"诗城"之称。这里有众多古迹，如武侯祠、观星亭、明良殿等。"火烧连营七百里"、"白帝城托孤"传说，更增添了白帝城的名气。

　　张飞庙位于长江南岸飞凤山麓，离重庆市区382千米，与云阳县城隔江而望，是为纪念三国名将张飞而建的祠宇。据史载，张飞庙始建于蜀汉末年，后经宋、元、明、清历代扩建，已有1700多年的历史。

　　张飞庙面江背山，气势恢宏壮丽，庙内塑造有张飞像，珍藏有大量的诗文碑刻书画以及其他文物数百件，多为存世珍品，号称"文藻胜地"，为巴蜀

　　张飞（？—221），三国时期蜀汉的重要将领。官至车骑将军，封西乡侯。史书记载张飞是贵族，有智有谋。在我国传统文化中，张飞以其勇猛、鲁莽、嫉恶如仇而著称，虽然张飞的这一形象主要来源于小说和戏剧等民间艺术，但已深入人心。

一胜景。

石宝寨位于重庆境内的长江北岸边，孤峰拔地，四壁如削，形似玉印，故名"玉印山"。传说它是女娲炼石补天遗留下的一块五彩石，称为"石宝"。

清代康熙年间，当地能工巧匠在玉印山南侧依山而建的楼阁，依岩取势，建筑精巧，被称为"世界八大奇异建筑"之一。

石宝寨塔楼倚玉印山修建，依山傍势，飞檐斗拱，造型奇异。整个建筑由寨门、寨身、阁楼组成，共12层，高56米，全系木质结构。

始建于明万历年间，经康熙、乾隆年间修建完善。原建9层，隐含攀登"九重天"之意。石宝寨自古有"江上明珠"之美誉。

另一处景观是丰都鬼城。丰都位于长江北岸，距重庆市区172千米。"鬼国幽都"之说由平都山而起。传汉代两方士在此修炼成仙，道家于此山设天师，并将其列为"三十六洞天，七十二福地"之一。

鬼城名山古寺多达27座。"阴曹地府"分别模拟人间诉讼、法

■丰都鬼城

庭、监狱、酷刑等，集中反映了我国的神和鬼、天堂和地狱的观念。

重庆位于四川盆地东南部，是我国长江上游的重镇。重庆古称巴，地处我国内陆之西南，城市依山而建，人称"山城"，冬春云轻雾重，又号"雾都"。重庆最早称"江州"，也称"巴郡"、"楚州"、"巴州"、"渝州"、"恭州"。

重庆是我国著名的山城。每当入夜，万家灯火由山上倒映江中，形成著名的"山城夜景"。在其近郊有石云山、北温泉和钓鱼城等景点，远郊有著名的大足石刻。

大足石刻位于距离重庆市区120千米处的大足县境内，是分布在全县76处石刻造像的总称，共计6万尊造像。其中宝顶、北山两处摩崖造像规模宏大，内容丰富，雕刻精细，是"全国重点文物保护单位"。

大足石刻是我国石窟艺术中的优秀作品，它不但内容丰富，"融儒、释、道，纵贯千余载"，而且雕刻技艺精湛，手法娴熟，巧妙地将力学、采光、透视等科学原理与造像内容和山形地貌相结合，被誉为"唐宋时刻艺术圣殿"。

阅读链接

关于三峡的形成有很多传说，最典型、流传最广的是"大禹开江"的说法。传说长江的主流最早不是流经后来的三峡，而是流经古之南江的"涔水"。

由于当时天下洪水泛滥，大禹决巫山，令江水从东过，终于使长江东流，注入中下游的洞庭湖、鄱阳湖、太湖、洪泽湖和巢湖等五湖，三峡之水从此畅通，长江的主流才改从后来的河道北江流淌。

大禹导江治三峡，是有史料记载的。春秋孔子、汉代诸葛亮、晋代郭璞、北魏郦道元等历代名人都有论述。这些关于三峡形成的美丽的神话传说反映了古代人民在与洪水长期斗争中的强烈愿望。

风景如画的长江中游景观

万里长江以滔滔不绝之势向东流去，长江自宜昌以下就进入中下游平原。这一江段，河床坡降小，水流平缓，大小湖泊密布，沿江两岸均筑有堤防，形成众多的湖泊河网。

在湖北枝城至湖南城陵矶河段称"荆江"。其中，枝城至藕池口为上荆江，长约170多千米，属一般性弯曲型河道。藕池口至城陵矶

■九曲回肠的荆江

为下荆江，长约160千米，属典型的蜿蜒型河道，素有"九曲回肠"之称。

荆江以北为地势低平的江汉平原，汛期全靠平均高10多米的荆江大堤抵御长江洪水。荆江南岸有松滋、太平、藕池、调弦四口，分长江水入洞庭湖，水道繁杂。

长期以来，这里就是长江的蓄洪池和经过之道。长江从荆江段直接流入湖中，在云梦泽里徘徊沉积后从汉口汇入长江流入东海。其形就像穿的一个大糖葫芦，也有点像铁扇公主的芭蕉扇，而长江就是贯穿这云梦泽的葫芦签和扇柄。

不过，这是一个不大对称的葫芦签，它北边要大于南边，北边那个最大的就是云梦泽，也就是后来的江汉平原，其次是洪湖、东胡等诸多湖泊，而南边则是西湖、洞庭湖、赤山湖、青草湖和大通湖等诸多湖泊。

这些湖泊在平时、尤其是枯水季节就明显地露出了它的独立性，但一到汛期，尤其是涨大水的时期，便连成了一个整体，成为汪洋泽国，因其中的云梦泽最大，故连成一整片时，人们便统称其为"云梦泽"。

■ 鄱阳湖湿地

又因长期以来，受长江从上游挟带来的泥沙沉积影响，河湖淤浅，荆江两岸地势南高北低，蜿蜒的荆江河床泄洪不畅，防洪形势非常严峻，故有"万里长江，险在荆江"之说。

城陵矶以下至湖口，河道分汊繁多，主流摆动，航槽变迁，这给当地的航行带来极大的不便。

长江中游一带水力资源极为丰富，同时，这一地段的矿产资源也极为丰富，尤以铁、铜、钨、磷、硫、石膏等最为著名。

长江中游航运条件优越，内河航运发达，武汉以下可通行5000吨级船舶，临湘以下可通行3000吨级船舶。汉江、湘江和赣江拥有较重要的支流航道。

长江中游段，大支流较多，南岸有清江、洞庭湖水系的湘江、资水、沅江、澧水和鄱阳湖水系的赣江、抚河、信江、饶河、修水；北岸有汉江。

这一地带气候温和，土壤肥沃，光热资源充足，盛产水稻、棉花、油料、茶叶、水果等，是我国重要的农业生产基地。洞庭湖、鄱

阳湖等湖泊水产资源极为丰富。

鄱阳湖是我国第一大淡水湖，也是我国第二大湖，位于江西北部、长江南岸。有诗赞道：

浩渺鄱湖水接天，波翻浪涌竞争先。

连江通海胸怀广，滋养生灵岁复年。

鄱阳湖上承赣、抚、信、饶、修五河之水，下接长江。每到丰水季节浪涌波腾，浩瀚万顷，水天相连。湖畔峰岭绵延，候鸟翩飞，牛羊徜徉。美丽富饶的鄱阳湖养育了世代生长居息湖畔的万物生灵。

每年秋末冬初，鄱阳湖有成千上万只候鸟，从俄罗斯西伯利亚、蒙古、日本、朝鲜以及我国东北、西北等地来此越冬。这里鸟类有300多种，近百万只，其中白鹤等珍禽50多种。鄱阳湖被称为"白鹤世界"、"珍禽王国"。

鄱阳湖又叫"彭蠡湖"，关于湖的来历，还有一个美丽的传说

■鄱阳湖水鸟

■ 鄱阳湖风景

中华巨龙

长江文明与历史渊源

昂日星官 传说是二十八宿之一，住在上天的光明宫，本相是2米多高的大公鸡。其母是毗蓝婆菩萨，他的神职是"司晨啼晓"。在西方白虎象里有一个星宿，天文学里称它"昴星团"，我国民间叫作"冬瓜子星"。当它在冬夜星空出现时，视力好的人可以看到里面有7颗星，因此又叫"七姊妹"。

呢！相传在远古时期，江西这块地方并无大的湖泊，每年不是大旱便是洪涝，民不聊生。人们流离失所，十分悲惨。

后来，赣北出了一位叫彭蠡的勇士，力大无穷，且勤劳、善良、聪明，总为他人解难。百姓连年逃荒要饭，他看在眼里，记在心上。于是，他立志要开凿一座大湖泊造福于民。

说事容易做事难，他首先说服家人，动员附近乡民，跟他一起去挖地造湖。谁知就在众人开挖时，却遇到一条修炼千年成精的蜈蚣，因蜈蚣怕水，得知彭蠡在带领乡亲们挖地造湖，就设法去阻挡。

彭蠡发现他们头天刚挖好的地方，在一夜之间就被填塞完整，一连数日，造湖之举毫无进展，彭蠡犯疑，不知何故。一些乡民见到这样的场景不觉心灰意冷，怨天恨地，有的甚至干脆走开不干了。

可是，彭蠡决心已定，毫不气馁，他带领家人和少数乡邻继续坚持开挖不止，他的双手虎口被震裂，

鲜血直流，却没有半点怨言。彭蠡的善举，感动了天上司晨的昴日星官，他决心助彭蠡一臂之力，除掉蜈蚣精。

于是，昴日星官当即命令自己的两个儿子大鸡和小鸡下凡帮助彭蠡除妖。大鸡和小鸡奉父王之命，合力大战蜈蚣精，在天空中各施神功，大战了四十回合，难分胜负。

此时，小鸡灵机一动，乘蜈蚣精眨眼之机，一挥宝剑刺向其左眼。瞬间，蜈蚣精左眼鲜血直流，大鸡乘其受伤之时，一剑刺中其身，蜈蚣精终于被两鸡战败，这也是后来民间传说蜈蚣怕鸡的由来。

话说那条战败的蜈蚣精，后来化作了松门沙山，僵卧在那万顷碧波荡漾的鄱湖中。大鸡和小鸡担心这条蜈蚣精再出来祸及人间，便化作大矶山和小矶山，仁立于湖边，世代守着鄱阳湖，永保地方安宁。

蜈蚣 为陆生节肢动物，身体由许多体节组成，每一节上均长有步足，故为多足生物。它们行动迅速，具攻击性。大多蜈蚣亦为夜行性生物，白天隐藏在阴暗处，晚上出外活动，以别的节肢动物为食，体形庞大的蜈蚣甚至会捕食小型鼠类、蜥蜴等猎物。

■ 鄱阳湖景观

■洞庭湖

　　蚣蚣精被制服后，彭蠡和家人、众乡民一起继续造湖，由于有仙人暗中相助，不久大湖就造好了。鄱湖百姓再也不受旱涝困扰，连年五谷丰登。后人为纪念彭蠡造湖之功，便将该湖取名"彭蠡湖"。

　　长江中游另一个大湖泊就是洞庭湖，洞庭湖是我国第二大淡水湖，位于湖南北部，长江荆江河段以南，面积是2820平方千米。洞庭湖南纳湘、资、沅、澧四水汇入，北由东面的岳阳城陵矶注入长江，号称"八百里洞庭"。

　　洞庭湖据传是"神仙洞府"的意思，可见其风光之绮丽迷人。洞庭湖浩瀚迂回，山峦突兀，其最大的特点便是湖外有湖，湖中有山，渔帆点点，芦叶青青，水天一色。春秋四时景不同，一日之中变化万千。湖北和湖南之称，就来源于洞庭湖。

　　在洞庭湖畔有一座小山，名为龙舌头，龙舌头有一处飞来钟，飞来钟下面有一口龙涎井。说到龙涎井，其由来已久，因为君山地形酷似乌龙卧水，龙涎井前方为龙口，张口向南，两边钳形山嘴，岩壁拱护，为龙的上、下腭，中间的小山为龙舌头，山势平舒，形态逼真，此山因此得名。

龙舌山下有水井，相传这里的井水清澈纯净，四时不涸，是龙舌头上面一点点滴下的涎水，故称"龙涎井"。

据传，当年湘妃寻夫至君山，口渴异常。她们对爱情的忠贞感动了洞庭湖中的乌龙。乌龙化成一座小山，张开双腭，伸出舌头，让龙涎滴出，滴在山脚下，化成一口古井。

湘妃见到古井，饱喝了一顿井中甘甜的龙涎，顿觉精神大振。后来，湘妃投江，乌龙悲伤过度，化身为龙舌山。

领略洞庭湖的美，最理想的去处便是洞庭湖畔的岳阳楼。岳阳楼位于湖南岳阳市西门城头，与黄鹤楼、滕王阁一起并称为我国江南三大名楼，历来有"洞庭天下水，岳阳天下楼"之称，堪称湖南第一名胜。

白居易、杜甫、孟浩然、刘禹锡等著名诗人，都先后登楼赋诗，留下了许多千古名篇。宋代名家范仲

■岳阳楼建筑

■武汉黄鹤楼

中华巨龙

长江文明与历史渊源

九省通衢 有人认为是泛指武汉通向外界的交通非常便利，并非实指九个省；有人说实指通过水陆交通，武汉市可与四川、陕西、河南、湖南、贵州、江西、安徽、江苏以及湖北九省相通。不论泛指、实指，都是指的武汉处于交通枢纽地位。

淹的《岳阳楼记》写道："衔远山，吞长江，浩浩汤汤，横无际涯""先天下之忧而忧，后天下之乐而乐"的名句更是掷地有声，名扬中外，成为众多仁人志士的座右铭。

武汉是长江最大支流汉江与长江的交汇之处，形成武昌、汉口和汉阳三大重镇，素有"九省通衢"之称。武汉除长江、汉水在城中交汇外，市辖区内有166个湖泊，故又得名"百湖之市"。

黄鹤楼是"天下江山第一楼"，位于湖北武汉武昌长江南岸蛇山峰岭之上。始建于223年的三国时代，是江南三大名楼之首，享有"天下绝景"之称。

唐朝诗人李白一首"黄鹤楼中吹玉笛，江城五月落梅花"，使武汉江城之称名扬四海。崔颢一首黄鹤楼诗写道：

昔人已乘黄鹤去，此地空余黄鹤楼。
黄鹤一去不复返，白云千载空悠悠。

已成为千古绝唱，更使得黄鹤楼声名大振。

蒲圻赤壁位于蒲圻市北31千米处的长江南岸。赤壁山三山相连，面临长江，群山逶迤，势若奔马，苍翠如绘，幽静诱人，也是我国古代十大著名战役中唯一保存完好的古战场遗址。

洪湖是长江流域江汉平原上最大的水质无污染的淡水湖泊，是我国第七大湖泊，面积348平方千米，全湖呈多边几何形，湖岸平坦，湖水呈淡绿色。这里的白鳍豚拥有量占全球总量一半以上。洪湖有丰富的鱼类和野生资源，水上渔家的生活也极有情趣，令人流连忘返。

荆州位于我国湖北荆州江陵境内的长江北岸，是一座历史文化古城，也是我国南方著名的游览胜地。"闻听三国事，每到荆州"，提起荆州，人们便会想起三国中"刘备借荆州"和"关公大意失荆州"的故事。

荆州古城历史悠久，北据汉沔，南尽南海，东连吴会，西通巴蜀，历来是兵家必争之地，具有十分重要的战略地位，更是古代文人骚客荟萃之地。

阅读链接

长江中游有著名的城市群，也称"中三角"或"中四角"，是以我国内陆最大城市武汉为中心城市，长沙、南昌、合肥为副中心城市。该城市群是以浙赣线、长江中下游交通走廊为主轴，向东向南分别呼应长江三角洲和珠江三角洲。

武汉距长沙300千米，距合肥320千米，距南昌260千米，与长三角和珠三角平坦的地势相比，中三角间山水相阻，地形复杂，面积却为世界之最，是长三角的3倍，珠三角的5倍。

长江中游城市群是我国具有优越的区位条件、交通发达、科技教育资源丰富的城市群之一，在我国未来空间开发格局中，具有举足轻重的战略地位和意义。

美丽富庶的长江下游地区

　　长江下游经江西、安徽、江苏，在上海接纳最后一条支流黄浦江后注入东海，长约835千米。流域面积共约13万平方千米，是长江水量最大的河段，长江下游平原包括苏皖平原和长江三角洲平原，也是全流域最富庶的地区。

■我国最大的沙洲岛崇明岛

■崇明岛东滩湿地公园

　　长江下游段江阔水深，多洲滩。江阴以下，长江进入河口段。江面宽由1.1千米逐渐展宽到5千米以上，至崇明岛分隔而成的南支、北支江段，南北两岸之间江面宽接近100千米，是一片江海难分的景象。

　　崇明岛面积1000多平方千米，在我国沿海数以百千计的岛屿中，仅次于台湾岛和海南岛，又是我国最大的沙洲岛，已有1300年的历史。

　　江阴市，因地处"大江之阴"而得名，位于华东，江苏南部，长江三角洲太湖平原的北端。东接张家港，南临无锡，西连常州，北对靖江。

　　555年，在这里废县置郡，建治君山之麓，因地处长江之南，遂称"江阴郡"，为"江阴"名称之始。

　　江阴枕山负水，襟带三吴，处于"苏锡常"金三角的几何中心，城江同在，有"延陵古邑"、"春申旧封"、"芙蓉城"之称。

　　江阴地处长江咽喉，历代兵家必争之地，是大

郡 古代行政区域，始见于战国时期。秦统一天下设三十六郡，秦代以前郡比县小，从秦代起郡比县大，称为"郡县"。后汉起，郡成为州的下级行政单位，汉代又增46郡，有103个郡国。隋朝废郡制，以县直隶于州。唐朝道、州、县，武则天时曾改州为郡。明清称"府"。

江南北的重要交通枢纽和江河湖海联运换装的天然良港。江阴市位于苏南沿江，总面积9.8万多平方千米。

崇明岛地处长江口，是我国第三大岛，被誉为"长江门户，东海瀛洲"，是地球上最大的河口冲积岛，最大的沙岛。崇明岛成陆已有1300多年历史，现有面积为1000多平方千米，海拔3.5米至4.5米。全岛地势平坦，土地肥沃，林木茂盛，物产富饶，是举世闻名的鱼米之乡。

传说，月光菩萨就降生于崇明岛。月光菩萨是药师如来的胁侍，又作"月净菩萨""月光遍照菩萨"。月光菩萨降生于崇明岛，这一传说给崇明岛披上了一层神秘的色彩。

每当人们来到崇明岛，水洁风清，身临其境，就像整个身心都被其洗涤、净化。这里到处都有未经人工斧凿的天然风光，旖旎多姿，美不胜收。

崇明岛的最大特色是岛身形状迁徙无常，始终处

月光菩萨 是民间最流行的俗神之一。月光菩萨，佛教菩萨。道教中，太阴星君掌管月宫，月亮古称"太阴星"。崇拜神佛，在我国由来已久，在世界各国也是普遍现象，这是源于原始信仰中的自然崇拜。我国关于"嫦娥奔月"的传说广为流传，传说嫦娥奔月后成了月亮的主人，成了月神娘娘、月光菩萨。

中华巨龙

长江文明与历史渊源

■崇明岛湿地

■被长江环绕的古城南京

于迅速的演变过程中。崇明岛不像基岩岛屿，千百年来基本上维持着相对稳定的状态，却自始至终演变不断。关于崇明岛还有一个美丽的古称"东海瀛洲"。

相传在远古东海之中有一瀛洲仙境，是神仙居处，但这个仙岛没有稳固下来，一直飘忽不定。秦始皇和汉武帝先后派人到东海之上四处寻找，都没有找到。后来到了明朝，朱元璋皇帝把"东海瀛洲"4个字赐给了崇明岛。从此，崇明岛便有了古瀛洲的美名了。

长江下游地区属北亚热带季风气候，雨量充沛，水道纵横，湖荡棋布，向有水乡泽国之称。土地肥沃，产水稻、棉花、小麦、油菜、花生、蚕丝、鱼虾等，是我国人口最稠密的地区之一。

在长江下游有许多重要城镇，也很密集，南京历史悠久，有着6000多年文明史、近2600年建城史和近500年的建都史，是我国四大古都之一，有"六朝古都"、"十朝都会"之称，是中华文明的重要发祥地。

千百年来，奔腾不息的长江不仅孕育了长江的文明，也催生了南京这座江南城市。南京襟江带河，依山傍水，钟山龙蟠，石头虎踞，

长江西陵峡美景

山川秀美，古迹众多。

在安徽大通以下600千米处，长江受到潮汐的影响，成为坍岸最严重的河段。长江每年挟带大量的泥沙至河口，因流速平缓和受海潮顶托影响而沉积，形成沙洲、沙坝，使河日淤浅成"拦门沙"，河道分汊，两岸形成沙嘴，河口三角洲陆地向大海伸展。

长江口河道在径流、海潮、泥沙和地转偏向力等诸多因素的影响下，及由此引起局部河床的冲淤变化，均会导致河道经常演变，长江的主汛道南北往复摆动不定，这也给海运事业带来了诸多不利影响。

长江流域幅员辽阔，江湖众多，土地肥沃，气候温和，资源丰富。长江流域既是中华民族的重要发祥地，也是我国总体经济实力最为雄厚的地区。

阅读链接

在镇江附近交汇于长江的南北大运河，贯穿冀、鲁、苏、浙四地，沟通海河、黄河、淮河、长江、钱塘江五大水系。这项古代最伟大的水利工程，北至北京，南抵杭州，全长1794千米，其中里运河和江南运河在长江流域。

自镇江至于杭州的江南运河，长约400千米。沿途经过江南水网地区和常州、无锡、苏州、嘉兴等久负盛名的旅游城市。古代人民开凿的这条大运河，千余年来，一直发挥着作用。

远古遗存

长江流域是中华民族文明的发祥地之一，其特殊的自然地理环境，为我国古代文明的发育提供了较好条件。

河姆渡文化、马家浜文化、良渚文化、宝墩文化、石家河文化、大溪文化等大量古文化遗址，遍布长江流域，从广度和深度孕育了中华文明。

勤劳勇敢的长江先民开创了古老而伟大的长江文明，他们掌握了世界上最古老的烹饪技术，开始了世界上最古老的稻作文化，开启了中华文明的曙光。

玉蟾岩河姆渡时期始育水稻

　　在长江中游流域，距今约1万年以前，在湖南的玉蟾岩地区生活着一个古老的民族，是他们开启了最古老的水稻种植历史。

　　这一时期属于新石器时代的穴居时期，人们已经能够独立地人工栽培水稻。人们日常饮食以稻米作为主食，同时还吃一些野生动物等

■ 河姆渡遗址石雕

肉类。有时人们还把螺去掉尾端，作为辅食。

人们还会制作粗糙的原始陶器，打制砍砸器、刮削器、切割器及锄形器等石器。除此之外，还广泛使用角铲、骨铲、骨锥与穿孔蚌器等。但是，当时的陶器火候很低，质地疏松，外表呈黑褐色，这也是我国已知最早的陶器制造民族。

在长江流域的新石器时代，距今约9000年至8300年，在湖南的彭头山有一个古老的民族，是他们开创了我国史前文化。

彭头山地处长江中游，位于湖南北部，是我国史前文化代表。此时人们在栽培水稻的同时还种植谷物作物，人们把稻谷脱壳后食用。

人们日常使用的器具大部分是打制石器，既有大型砾石石器，也有黑色细小燧石器，与本地旧石器时代晚期的石器制作传统区别不大。

除了石器，人们还使用陶器。此时的陶器制造特点是古朴简单，器坯全部用原始的贴塑法即用泥片粘贴而成，胎厚而不匀。在大部分陶器的胎泥中还夹有红褐色或灰褐色的炭屑。器物类型主要是深腹罐

与钵，普遍装饰有粗乱的绳纹。

人们居住的房屋有地面式、浅地穴式2种，墓葬以小坑二次葬为主。人们还建筑了方形城池，以作为生活区。城池南北长110米，宽70米至80米。城内分布着成排房屋，其中有我国最早的高台建筑。城外还建有壕沟，把整座城池环绕起来。

后来，人们在澧县八十垱发现了该文化的城址，并命名为"彭头山文化遗址"。该遗址的发现为确立长江中游地区在人类稻作农业起源与发展中的历史地位奠定了基础。

在长江流域下游地区，大约7000年以前，在杭州湾南岸的宁绍平原及舟山岛等地，生活着一个古老而智慧的民族，他们创造了长江下游地区悠久而灿烂的史前文化。

当时，余姚市河姆渡镇附近有一座小山，东北面是一大片湖泊，湖水清澈明亮，土地肥沃，水草丰美。人们依据得天独厚的地理条件，建造最适合居住的干栏式建筑，作为日常起居的房屋。

干栏式建筑是当时典型的木建筑民居，主要木构件有木桩、圆木、长方形木材、带丫杈的柱子和地板等。人们在居住地依山傍水，依照地势，建成了大小各异的村村落落。

干栏式住屋的最大特色是使居民能够临水而居。

■ 河姆渡出土文物

中华巨龙

长江文明与历史渊源

干栏式建筑 古时流行于南方百越民族的居住区。我国其他民族的干栏建筑也有，但是受到汉式建筑和佛教建筑的影响较多。这种建筑以竹木为主要材料，分上、下两层，下层放养动物和堆放杂物，上层住人，适合雨水多比较潮湿的地方。

人们把地板设在地面上，既通风凉快又可防潮防湿，又可防止大雨过后的涝水泛滥，以及不卫生的蒸汽和低飞的昆虫聚集。生活中的残余弃物也可以从地板的空隙掷出，随水漂流。

在陆上的干栏建筑掷出物又可成为犬、猪的饲料，地面上又可燃起熏出浓烟的火以防蚊虫等。假如房屋建筑在地形崎岖之地，还可减免填土、挖掘，又因居高临下，可防止敌人袭击。

在房屋建筑中所使用的许多木构件，包括桩柱、立柱、梁、板等，以及构件上加工成的榫、卯、企口和销钉等，均显示出其时木作技术的杰出成就。

令人惊叹的是，当时人们掌握两种木构衔接法。

一是企口板，企口可将两块木板拼接在一起而不露缝隙，遗址中发现的企口板两侧各有一道企口，可与另一块侧边削薄的木板相接。

另一种是销钉孔，带销钉孔的榫和梁柱的卯垂直相交，用销钉拴住，榫头就不会从卯口脱出了。这一方法直到后世仍被木工工艺所沿用。

河姆渡人居住房屋

■ 河姆渡人收集食物

榫卯结构 我国古建筑以木构架结构为主要的结构方式，由立柱、横梁、顺檩等主要构件建造而成，各个构件之间的结点不用钉铆以凹凸形式相吻合，构成富有弹性的框架。榫卯的发明早在7000年前。这种结构不但可以承受较大的荷载，而且允许产生一定的变形，具有一定的抗震力。

这一时期，最突出的建筑技术就是在垂直相交的构件接点上，使用榫卯结构技术，这一技术为我国木结构建筑打下了基础。

人们建筑的房屋多是呈西北至东南走向。从单体来看，普遍采用连间长房子形式，最长一栋房屋面宽达23米以上，进深7米，房屋后檐还有宽1米左右的走廊过道。房屋建筑充分利用了当时的自然地理条件，布局合理，设计科学，可谓是这一时期长江流域民居建筑的杰出代表。

干栏式建筑是我国长江以南新石器时代以来的重要建筑形式之一，也是目前为止最早的人类建筑。

除建筑以外，人们还掌握了当时最为先进的打造水井技术。人们通常把水井构筑于直径约6米的锅

形水坑底部，井壁是用边长2米的四排木桩围成的方形，井口处套有方木框作为围护。在水坑的四周还设有圆形栅栏，作为护岸之用。

当时，人们的居址周围河沼遍布，水体与海水相通，苦卤难以下咽，这给居民用水带来了极大的不便。水井的出现极大地方便了人们的生活，提高了人类的生活质量。

远古时期的长江下游地区，肥沃的土壤为原始农业的产生提供了良好的条件。栽培稻谷已成为当时最普遍的农作物，人们已经开始大量地进行人工栽培稻谷，日常主食也是以大米和谷物为主。

人们从事农耕重要的生产工具是骨器，骨器按使用功能分为骨耜、骨箭头、骨凿、骨锥、骨针、骨哨、骨镰、骨鱼镖、管状针等，其中以骨耜最具特色。骨器的制作也比较进步，一些有柄的骨匕、骨笄

061

文明孕育

远古遗存

骨器 顾名思义为骨头制品，是指人类以人或动物的骨磨制而成的器具，骨制品包括动物的骨、角、牙制品。原始人类发达的狩猎业和畜牧业，为骨制品的问世和应用流行提供了前提和条件。据考古资料，骨制品的历史源远流长，与石制品、木制品一样，是属人类最早开发利用的生产或生活用品。

■种植水稻复原图

■ 河姆渡人制作木器

骨耜 是河姆渡文化的典型农具，用鹿、水牛的肩胛骨加工制成。用它挖土，既可以减轻劳动强度，又能提高劳动效率。河姆渡氏族遗址中出土了2920多件骨器，其种类有耜、镞、凿、针、匕等。其中，骨耜是河姆渡人从事水稻种植的主要生产工具。

上雕刻花纹或双头连体鸟纹图案，就像是精美绝伦的实用工艺品。

与骨器相比，石器的数量和种类并不多。按功能划分，石器可分为生产工具和装饰品两大类。这一时期，木器已被人们广泛用于生产和生活的各个方面，木器制作技术已达到相当高的水平。人们使用的最为重要的木器是纺织工具和木桨。有了纺织，先民们脱离茹毛饮血的野蛮生活，进入初具文明的历史阶段。

这时，宁绍平原的农业经济和家畜饲养都比较发达。人们从事农业生产所使用的农具除了翻耕土地的骨耜外，还有很少的木耜、穿孔石斧、双孔石刀和长近1米的舂米木杵等农业生产和谷物加工工具。

河姆渡部落的原始手工业也是比较发达的，制陶业、纺织业、骨器制作、竹木器加工、石器、手工艺等都比较进步。

河姆渡人的生活用器以陶器为主，并有少量的木器。人们已经普遍使用陶器，但较为特殊的陶器有陶灶和陶盉两种。聪明的原始先人发明了陶灶，陶灶发明以后，解决了木构建筑内煮炊防火的问题，这便是后世南方居民一直使用的缸灶的前身。

石器时代的河姆渡，密布如织的沼泽为水生动植物提供了良好生活环境，为发展渔猎和饲养提供了必要的条件。人们已开始使用有柄叶连体木桨的舟楫。

渔猎是当时社会最重要的经济活动之一，河姆渡人已经开始广泛使用弓箭狩猎，有人利用弹弓发射陶弹丸击落飞鸟，也有的人使用弓发射骨镞击落飞鸟。

当时的气候是降水多，气温高，属于常绿阔叶林和亚热带落叶阔叶林，森林中有水鹿、野猪、牛等动物，其中以鹿科动物最多。鹿一类的动物抵抗力弱且数量多，喜欢成群结队地外出觅食游闲，是人们狩猎的首选目标。

陶器 是用黏土烧制的器皿。质地比瓷器粗糙，通常呈黄褐色，也有涂上别的颜色或彩色花纹的。新石器时代开始大量出现。陶器的发明是人类文明的重要进程，是人类第一次利用天然物，按照自己的意志创造出来的一种崭新的东西。

■ 河姆渡人制作的渔船

■ 河姆渡文化陶埙

男人们在外从事农业生产，妇女则在家纺织、照顾老小和做家务。女人们已经掌握了原始的织布技术，发明了原始的机械。当时的纺织工具主要有纺轮、两端削有缺口的卷布棍、梭形器和机刀等。

劳作之余，人们也有自己的业余生活，吹奏最为原始的乐器骨哨。骨哨不仅作为娱乐之用，也是一种狩猎时模拟动物声音的狩猎工具。

除了骨哨，陶埙也是当时一种乐器。埙身呈鸭蛋形，中空，一端有一小孔。人们在吹奏之时，端起酒具陶盉，边饮酒边娱乐，其乐无穷。

河姆渡居民已经会制造原始的艺术品。这些艺术品不仅数量大、题材广，且造型独特，内容丰富，主要表现在象牙雕刻、陶器纹饰上面，尤其是一些象牙雕器和刻器，线条流畅，造型美观，令人叹为观止。

其中人体装饰品种类也不少，包括璜、管、珠、环、饼等。除了一些以兽类的獠牙或犬牙、鱼类的脊椎骨制成的装饰品，珠、环等饰品大多是用玉和萤石制成，在阳光下闪烁着淡绿的光彩，晶莹美丽。

时光荏苒，数千年以后，人们在河姆渡地区发现

埙 我国最古老的吹奏乐器之一，相传埙起源于一种叫作"石流星"的狩猎工具。3000多年前，古人把乐器分为金、石、土、革、丝、竹、匏、木八种，称为"八音"。八音之中，埙独占土音。在整个古乐队中起到充填中音，和谐高低音的作用。在古人看来，埙与钟、磬具有同等地位。

了一处重要古人类遗址，并以首先发现地而定名为"河姆渡文化"。在河姆渡遗址中出土了大量异彩纷呈的文物，从生产工具、日常生活器物到居住建筑、装饰品，种类很多。这些文物为后人呈现出独特的氏族村落文化。

这是目前世界上最古老、最丰富的稻作文化遗址。在遗址中出土的稻壳，总量达到150吨之多，在已经碳化的稻壳中还可见到稻米。经过科学分析，考古学家确认这是7000年以前的稻米。

河姆渡遗址共发现27座零星墓葬，较完整骨架有13具，其中未成年的儿童9具，成年人4具，有的头骨保存比较完整。根据推算，其中成年人年龄在30岁左右。有一具特征显示为未成年女性，年龄约13岁至15岁。其人种应为南方蒙古人种。

河姆渡文化是新石器时代除了上山文化之外，我国长江流域下游地区又一处古老而多姿的古文化。自然环境的不同，使河姆渡文化与华北黄河流域文化有所差别。

河姆渡遗址是我国新石器时代遗址考古中陶器出土最多、复原率最高的遗址之一，共计出土陶片40余万件，完整器和复原器1221件。

■已经碳化的稻米

中华巨龙

长江文明与历史渊源

■古人种植水稻

母系氏族社会
在距今20万年至30万年前，我国历史便由旧石器时代早期的直立人阶段进入旧石器中、晚期的智人、新人阶段，血缘家族公社组织也渐变为母系氏族公社组织。母系氏族制度的世系按母亲的血缘计算。妇女在生产、生活中起主导作用，她们既是生活的组织者，又是氏族的管理者。

河姆渡是母系氏族社会时期的氏族村落遗址，反映了7000年前长江流域氏族的情况。河姆渡文化主要分布在杭州湾南岸的宁绍平原及舟山岛，它的年代约为公元前5000年至公元前3300年。

河姆渡文化分为早期和晚期。早期约为公元前5000至公元前4000年，晚期约为公元前4000至公元前3300年。

河姆渡遗址中也发现了大面积的稻谷、稻秆、稻叶和木屑、苇编构成的稻谷堆积层，最厚处超过一米。刚出土时稻谷外形完好，色泽金黄。河姆渡遗址出土的稻谷数量之多、保存之完好，在世界考古史上是绝无仅有的。它不仅为研究我国稻作农业的起源提供了珍贵的实物资料，而且纠正了我国栽培水稻是从印度阿萨姆地区传过来的说法，再次有力地证明了我国也是世界上最早栽培水稻的国家之一。

水稻的栽培使社会上大量余粮的囤积成为可能，随之而来的便是贫富差别的出现。人类的发展也由此进入了新的阶段。

属于河姆渡文化的还有田螺山遗址，位于余姚三七相杏村的田螺山周围。遗址总面积3万多平方米，文化堆积最厚处超过3米，叠压6个文化层，形成年代距今约7000至5500年。

在遗址区内，出土了多层次干栏式建筑及墓葬、食物储藏坑等遗迹，2000多件陶、石、玉、骨、角、牙、木等遗物，大量的动物骨骸、稻谷谷壳、炭化米粒、菱角、橡子、葫芦等遗存。

田螺山遗址是河姆渡文化遗址中地面环境最好、地下遗存较为完整的古村落遗址。从这个遗址进一步探明了河姆渡文化早期遗址在姚江流域分布的基本规律，有助于推进河姆渡文化的研究。

遗址中出土了多层次的一系列以柱坑为主要形式的干栏式建筑遗迹，真切地反映出以挖坑、垫板、立柱为特征的建筑基础营建技术的阶段性特征和发展水平，并出现了多重垫板的建筑基础营建方式。

在距地表5米多深的田螺山西南坡基岩表面，还发现了少量木炭颗粒，为在姚江流域寻找距今7000年以前的古人生活遗存、揭开河姆渡文化的起源之谜找到了宝贵的线索。

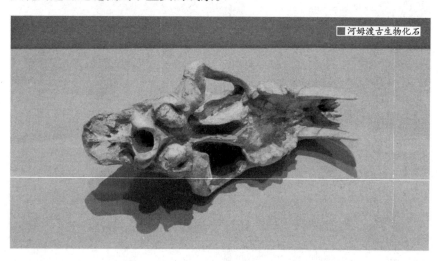

■河姆渡古生物化石

■田螺山遗址灰烬化石

这里出土器物十分丰富，种类繁多，展示了先民多姿多彩的生产生活场景。这里共出土各类文物760多件，质地有陶、石、玉、骨、角、牙、木和芦苇等，以及大量动植物遗存。出土文物密度之大，甚至超过了河姆渡遗址。总之，田螺山遗址大大丰富和深化了河姆渡文化的内涵，在河姆渡文化考古史上具有重要地位。

因此，河姆渡遗址并不是孤立的，早在7000年前，我们的祖先就在宁波富饶的土地上劳动生息，为中华民族的形成和发展做出了重大贡献。

阅读链接

河姆渡遗址发掘以后，浙江文物考古研究所对河姆渡文化的分布范围开展调查，在基本建设中也发现了一些重要遗址。后来在宁绍平原共发现河姆渡文化遗址49处，其中以姚江两岸最密集，共有31处。

后续考古发掘的重要遗址有余姚丈亭鲻山遗址、三七市镇田螺山遗址、宁波市江北区傅家遗址。这三处遗址位于河姆渡以北10千米之内，文化内涵和河姆渡遗址一致，仅有少量文物是首次发现。

马家浜文化开启渔猎时代

在长江下游流域，距今约6000年左右的太湖地区、钱塘江北岸、江苏常州一带，生活着比河姆渡更为先进的原始先民。

这里的人们居住的房屋，较之以前更加注重实用性和舒适性。人们使用榫卯结构的木柱，在木柱间编扎芦苇后涂泥为墙，再用芦苇、竹席和草束铺盖屋顶。

房址及屋内的地面都是经过夯实而建，在墙壁内还拌有沙石和螺壳以增强墙体的坚固性，有的房屋室外还挖有极为便利的排水沟，附近有石筑的长条形公共烧火沟。

有些大的房屋南北

■马家浜先民耕织场景

■先民用的骨镞

7米，东西3米，门朝东，用一圈木柱围起墙壁，房屋东、西两侧各有5个柱洞，南面一侧有3个柱洞，在木柱洞底还垫放木板。在室内，人们用经过加工的黄绿色土作为地面，屋内摆放简单实用的木制家具。有的房屋面积很小，约6平方米，是用10个柱洞围成的近圆形的小型房屋。

农业生产是人们定居生活的基础，这里的人们主要从事稻作农业，已经普遍种植籼和粳2种稻。所使用的农用工具主要有穿孔石斧、骨耜、木铲、陶杵等磨制工具，其磨制技术也比较高。除了耕种稻谷，人们还饲养狗、猪、水牛等家畜。

在这一时期，渔猎经济占有重要的地位，主要的渔猎工具包括骨镞、石镞、骨鱼镖和陶网坠等。使用的骨镞以柳叶形的居多。

人们除了农耕外也从事采集劳作，他们采集野生的桃、杏、梅和菱角等作为辅食。捕猎的动物主要有梅花鹿、麋鹿、野猪、獐、貉和鸟类、草龟、鼋、鲫鱼等。其中，梅花鹿、麋鹿和野猪的数量较多。

随着农业、渔猎经济的发展，人们的生活水平得到了极大的提高，这为手工业的发展提供了必要的物质条件，尤其是手工制陶业的发达。但是，那时人们手工炼制的陶器大都火候不高，陶质较软，制陶技术还处于较低的阶段。

当时手制陶器主要有夹砂陶和泥质陶器2种。一般的陶器陶色不是很纯正，陶器表以素面的为多，纹饰有堆纹、弦纹、镂孔、圆窝纹、刻点纹、绳纹、篮纹等。

主要陶器有釜、鼎、豆、罐、瓮、盆、钵、陶炉、算和三足壶等，这在当时的其他地区并不多见。居民日常使用的陶器多是红色陶器，腰檐陶釜和长方形横条陶烧炉算等，陶烧炉算是当时这一地区的独特炊具。

此外，人们还用野生葛来加工布匹。以纬线起花的螺纹织物，密度是每平方厘米经线约10根，纬线螺纹部约26根至28根，地部13根至14根，可见当时的手工纺织技术达到了很高的水平。

布上织的花纹有山形斜纹和菱形斜纹，嵌入绕环斜纹，布匹还以螺纹织边。布匹织成后，人们再根据不同身材量体裁衣，取自天然的衣就这样在4000年前形成了。

人们住着自建温暖舒适的房屋，饲养生活所需牲畜，用着自制的手工陶器，过着比以往更加悠闲自在的生活。

人们死后都会被埋入公共墓地，且有着数量不等的随葬品。随葬器物一般都很少，主要是日用陶器。有的墓还随葬玉璜、玉环、玉镯等装饰品以及鹿角、兽牙、蚌壳等。

在常州圩墩和吴县草鞋山等地的居民还有一种特殊的葬俗，每当亲人离世，用

■ 马家浜文化陶器

陶器覆盖人头骨或把人头骨置于陶器中。

　　有时，人们还把年龄相近的同性死者安排到合葬墓，这是母系氏族社会葬俗的典型特征。这里的墓葬，多为单人俯身葬，也有仰身直肢葬、屈肢葬和侧身葬等，死者多数是头朝北下葬。

　　6000年以后，在浙江嘉兴的马家浜发现了这处古人类遗址，并因其所在地而命名为"马家浜文化"。

　　马家浜文化是长江下游地区的新石器时代文化，是太湖流域母系氏族公社时期的文化，因首次发现于浙江嘉兴马家浜而定名。

　　马家浜遗址位于嘉兴西南7.5千米，面积约1.5万平方米。马家浜文化及其后续的崧泽文化、良渚文化的发现，充分显示出太湖地区的新石器文化的源远流长，自成系统。

　　属于马家浜文化范围的还有罗家角遗址。这个遗址位于浙江桐乡石门东北利星村的罗家角，东到小庄桥以西，东北秧田圩西南角一部分，斜田圩西南大部分；北濒大运河南岸的庄圩南部；西到陈家村的庵河

嘉兴 地处东南沿海，素有"鱼米之乡"、"丝绸之府"之称。是马家浜文化的发祥地。春秋战国时期是吴越争战之地，有"吴根越角"之称。战国时划入楚境。秦时置由拳县，属会稽郡。东汉属吴郡。231年"由拳野稻自生"，吴大帝孙权以为祥瑞，改"由拳"为"禾兴"，242年改称"嘉兴"。

■马家浜文化三足盘

圩东部；南达罗家角村。整个遗址东西长约400米，南北宽约300米，总面积12万平方米。

这是浙江最大的一处新石器时代遗址之一，整个文化层堆积厚20厘米至350厘米，叠压着四个文化层，包含物十分丰富，属马家浜文化类型，处于我国原始社会母系氏族公社时期。

在遗址内共发现完整或可复原的石、骨、木、陶器等794件，第三、四层中的稻谷，经鉴定属于发现最早的人工栽培籼稻和粳稻。第四层中的建筑木构件，多有榫卯和企口等残迹。

■马家浜文化白陶

出土石器有石斧、石锛、石纺轮等，陶器有釜、盆、盘、钵、豆、鼎、碗、壶、纺轮等，骨器中有骨耜、骨哨等。在陶片中有少量精美白陶，不亚于后来商代的白陶，有的白陶片上有鸟头纹，还有捏塑男性陶人像。在木器中，有2件拖泥板状的木器和残存木桨，还有一批加工方正的榫卯建筑构件。

马家浜文化陶器中尤其引人注目的是这个遗址出土的四片白陶片。白陶是瓷器的先祖，制作白陶的原料主要是高岭土，高岭土铁含量低而铝含量高，较红陶、灰陶耐得起高温，烧成后外型洁白美观，纹路清晰，坚硬耐用，人们对高岭土的认识和使用，为后来瓷器的发明和发展奠定了基础。可见，马家浜文化的

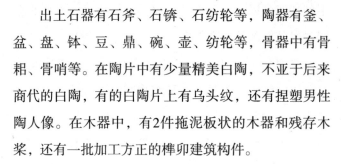

釜 是一种器物，圆底而无足，必须安置在炉灶之上或是以其他物体支撑煮物，釜口也是圆形，可以直接用来煮、炖、煎、炒等，可视为后来所使用的"锅"的前身。釜一般敛口束颈，口有唇缘，鼓腹圆底，口径小于腹径甚多，肩部有2个环状耳。

■ 古代陶器

中华巨龙

长江文明与历史渊源

红陶 是我国新石器时代出现的一种器表呈红色的陶器。人类发明陶器以红陶为主，灰陶、黑陶次之，红陶分细泥红陶和夹红陶2种，主要原料是黏土。它的烧成其原理是陶坯入窑焙烧时采用氧化焰气，使陶胎中的铁转化为三价铁，器表便呈红色。我国裴李岗文化、仰韶文化、马家浜文化等都以红陶为主。

纹 陶器的装饰纹样之一。出现于新石器时代。主要是在陶坯表面粘贴泥条或泥饼。有的用细泥条组成各种花纹，也有的用宽泥条缠绕颈、腹部，上面还加印绳纹。这种纹饰不仅使陶器增添了美感，而且起到加固器壁作用。

白陶比大汶口和龙山文化的白陶早了1500多年。

从制作工艺和焙制方法上看，陶器制作一般都由手工捏制、泥条盘筑、轮盘旋制逐步发展的，焙制方式的演变则更加漫长，最早是原始的篝火式，把制好的陶坯堆放在一起，四周围上柴火烧制，但温度不高，难以焙制大的器皿。后来发展为炉灶式，逐步形成陶窑。

罗家角白陶的制作工艺应是轮制，否则不会这样光滑、均匀。焙制方法可能是用炉灶式，因篝火式达不到1000度以上。可见"马家浜人"的生产力水平比同时代其他部落要高得多。

罗家角遗址还发现了不少陶纺轮，是"马家浜人"用于纺织的工具。这种织物用的原料是野生葛、纬线起花的罗纹编织，表明当时的编织工艺具有了相当的水平。作为我国所发现的最早织物标本之一，证明了"马家浜人"不再是赤身裸体或披着兽皮树叶了，而是穿上了衣服。

从罗家角发现的遗物中，还有陶网坠等捕鱼工具，证实了马家浜文化在、捕鱼方式上也达到了相当的水平。

最令世人瞩目的就是，罗家角遗址第三、四层中

出土的156粒稻谷，是当时人工栽培的籼稻和粳稻。稻谷颗粒较河姆渡遗址发现的略小，距今已有7000年左右，是世界上最早的稻谷遗存。罗家角遗址发现的稻谷，在马家浜文化已发现的稻谷遗存中年代最早，较河姆渡遗址发现的稻谷遗存年代还要早300多年。

马家浜文化遗址分布较广，在嘉兴境内的重要遗址有：嘉兴的马家浜、吴家浜、干家埭、钟家港；桐乡的罗家角、谭家湾、张家埭、新桥、吴家墙门；海宁的郭家石桥、坟桥港；海盐的彭城，平湖的大坟塘，嘉善的小横港、大往遗址等。

马家浜文化遗址在太湖流域分布有湖州邱城、杭州吴家埠、苏州越城、吴县草鞋山、吴江梅埝、袁家埭、上海青浦崧泽下层和常州圩墩、武进潘家塘的下层等。

马家浜文化还开启了我国以渔猎经济为主的新时

陶纺轮 是我国古代陶制纺线用具，用灰陶或红陶制作，略成圆饼形或凸圆形，中有孔，插入木柄或骨柄可以捻线，在新石器时代文化遗址中常见。陶纺轮为细质灰陶，轮制，器形皆算珠形，中有穿孔，大小不一。

■马家浜人缝制衣物

■马家浜人在渔猎

代，推动了我国远古经济开始向多元分支的发展，因此具有划时代的
意义。

阅读链接

1959年初春，在嘉兴南湖乡天带桥马家浜地方沤肥挖坑中发现大量兽骨和古代遗物。浙江文物管理委员会组成考古队进行了发掘，发现有与邱城下层同类的遗物并有房基、墓葬等遗迹。

马家浜遗址的发掘，引起了国内外考古界的重视。1959年，新华社发了消息，并记入《中华人民共和国要闻录》。

1977年在南京召开的长江下游新石器时代学术讨论会上，考古学家认为长江流域和黄河流域同是中华民族文化起源的摇篮，并确认嘉兴马家浜遗址为代表的马家浜文化是长江下游、太湖流域新石器时代早期文化的代表，从此，马家浜文化正式定名。

马家浜文化已载入《大不列颠百科全书》《中国大百科全书》，确定了它在史前文化考古中的地位。

崧泽文化开创制陶先河

在长江下游太湖流域崧泽一带，是与马家浜几乎并存于同一时期的另一处远古文化，也具有极为重要的地位。

在大约6000年至5300年间，古崧泽地域生活着一个古老而智慧的马家族先民，他们首先开创了轮制陶器，这在我国陶器制造历史中具有划时代意义。

■崧泽先民制作陶器

松泽文化陶罐

从地质发展历史上看，古老的太湖流域在7000年前就已经形成陆地，此时的崧泽濒临东海，是一片沼泽之地，地下水位很高，在西边和南边都有山陵、土墩和林木，水草极为茂盛，非常适合远古人类繁衍生息。因而，崧泽人也被视为上海人最早的祖先。

到了6000年前，崧泽地区的人们已经脱离了极为原始的渔猎采摘生活，开始转向以畜牧和农业为主的时代。虽然生产工具仍以石器为主，但是已由原始的锄耕改为犁耕。生产工具的改进极大地提高了劳动效率，使水稻得以广泛种植，并能人工培植粳稻和籼稻。

此时的石器已由粗糙的石器转为精制的石器，从旧石器时代进入新石器时代。除了石器，人们已经开始加工玉器、骨器和陶器了。而这一时期的制陶业在我国新石器诸文化中，可谓是进入了一个划时代时期。是崧泽人首先开创了轮制陶器。

最初，人们采用泥条盘迭再加慢轮整修的制陶方法。陶器的器壁比较匀称，有不很挺直的轮旋纹。后来，人们便运用陶轮快速旋轮和捏泥坯成型的制造技术，使器型规整，器壁匀薄，这种方法往往会在内壁和内底遗留坯的旋痕。

而陶器中，除了夹砂陶炊器仍为红陶外，其他的器物多以灰陶为主。陶器在窑中将要烧成时，将陶窑封闭，使窑内形成高温和缺氧，迫使陶土中的铁元素还原，才能制造出灰陶。

伴随灰陶的烧制，还出现了一种灰胎黑衣陶，其制法是在窑中陶器即将烧成时，不但封窑，还塞入浸水的湿柴，使之在窑内闷烧冒烟，让黑烟渗入陶器的器表。这类黑陶，由于器表微小的孔隙为黑烟所渗填，因此具有不渗水的特点。

在众多泥质灰陶中有一种三口陶器，可谓是陶器中的经典。三口陶器高0.146米，是用来盛放液体的器皿，上部有3个瓶口，相连呈"品"字形；腹部微弧，也成三角形，底略平，附三个扁足。

这件陶器可能是盛放美酒的器具，上部的3个瓶口，可同时供3人吸吮美酒。类似这样的陶器，上海地区的器物中极为少见。

这时的陶器不仅制造技术方法较以前有很大的提高，而且十分讲究造型和装饰。在造型上，人们充分运用弧线、折线的适当处理，使器型多种多样，如圆球形、扁圆形或葫芦形、塔式形和动物形等。其中，仅鼎足就有扁凿形、圆锥形、扁方形、三角形、凹弧形、扁铲形和角尺形等。

有的陶器还在足根上捏2个凹眼，作兽脸形；有的足根外拐，人跨立；有的将边侧捏成波浪形；也有在外向的足面中间，加1条锯齿堆纹的。可谓是形态万千，举世罕见。

鼎 本是古代的烹饪之器，相当于锅，用以炖煮和盛放鱼肉。鼎一般是三足圆鼎，也有四足方鼎，是我国青铜文化的代表。后来鼎被视为立国重器，是国家和权力的象征。鼎又是旌功记绩的礼器，周代的国君或王公大臣在重大庆典或接受赏赐时都要铸鼎，以旌表功绩，记载盛况。

文明孕育

远古遗存

■三口陶器

匜　先秦礼器之一，用于沃盥之礼。周朝沃盥之礼所用水器是盘、匜的组合。匜最早出现于西周中期后段，流行于西周至春秋时期。匜有金银器匜、漆器匜、玉器匜和青铜器匜，前有流，后有鋬，类似于瓢。为了防止在置放时倾倒，在匜的底部常接铸有三足、四足，底部平缓一些的无足。

■崧泽文化陶仓

崧泽陶器的另一特色就是器具的圈足很有特点，往往剔刻成花瓣形，或分割成三块扁足。器盖的捉手顶端也做艺术处理，多有弧线或三角形类似小兽的凸起装饰。

器耳则制成各式鸡冠形，有的甚至是鸟首形。器表的装饰方法，有刻划、镂孔，附加堆纹和彩绘等多种。刻划的纹样，最常见的是弧线往来穿插的几何图案，形似藤竹编织，优美规整。

总之，崧泽文化陶器不仅器型种类多，尤其讲究造型和装饰艺术。器型有釜、鼎、罐、豆、壶、瓶、觚、杯、盆、匜等。

其中，壶的形式有塔形壶、鹰头壶、鸟形三足盉、六足陶龟、兽面钟形壶等。鼎的形制多样，有釜形、深钵形和盘形等。少数彩绘陶也比较突出，是在烧成的陶器上用红褐和淡黄色彩描绘。

在数千年以后，有人在上海的青浦地区的崧泽村挖塘时发现了这一古人类遗址，根据其发现地而将其命名为“崧泽文化”。

崧泽文化属新石器时期母系社会向父系社会过渡阶段，上承马家浜文化，下接良渚文化，是长江下游太湖流域的重要的文化阶段。

崧泽文化遗址共有4处，包

括崧泽遗址、福泉山遗址、金山坟遗址和寺前村遗址，共出土各类文物 800 余件。

■崧泽文化古水井

此外，还发现了 2 口 6000 多年前的水井。水井均为直筒，井壁光滑，水源丰富，井内还遗有兽骨，这是我国迄今发现的最早的水井。水井的开凿工艺也较先进，其形制被后世一直沿用。

值得一提的是，在嘉兴南河浜遗址中，人们还首次发现了崧泽文化的"祭台"，并较好地揭示了这"祭台"的形成过程。结合特殊陶器的出现，这为进一步认识崧泽文化陶器的内涵提供了难得的信息。

阅读链接

1996 年 4 月至 11 月，为配合沪杭高速公路建设，浙江文物考古研究所决定组成考古队，对南河浜遗址进行抢救性发掘。南河浜遗址，位于浙江嘉兴秀洲大桥云西。遗址西距沪杭高速公路 100 米。

发掘分东、西两区进行，实际发掘面积约 1000 平方米，发现崧泽文化时期人工堆筑的土台 1 处，清理墓葬 96 座，房屋 7 座和灰坑 26 个，出土陶器、石器、骨器、玉器等类文物 700 余件，尤其是在崧泽文化发现和研究方面取得丰硕成果。

这是继上海青浦崧泽遗址发掘之后关于崧泽文化的又一次最重要的考古工作。遗址包含了从崧泽文化早期到晚期连续不断的发展过程，为认识崧泽文化的发展演变期提供了很好的资料，也为后人研究崧泽文化提供了一把有意义的时间标尺。

良渚文化开启铜石并用时代

良渚先民建造房屋

长江下游太湖流域除了马家浜文化和崧泽文化，在距今约5250年至4150年，在杭州西北郊良渚一带，一群原始先民开创了另一处重要的远古文化。他们开启了我国一个重要的时代，这就是铜石并用时代。

这里的居民过着较为闲适的定居生活，有固定的居民区。居民区是一种级差式的聚落结构，内有明显的中心聚落、次中心聚落和普通聚落，这样的布局极大地方

便了人们的生产和生活。作为文明初期最重要的人类聚落形式，人们开始建造古城，率先进入了成熟的史前文明发展阶段。

■良渚文化石犁

城中的民居大小不一，格局却大致相同，就是把固定房架的木桩按东西方向排列，正中用一根长木作为"檩脊"，然后在檩脊上盖上几层竹席作为屋顶。

居民们为方便饮水在居所附近开凿水井，其技术比同一时期其他地区更为先进。所造的水井皆套有木构井圈，井圈再用四五块长约两米的弧形木板凿孔连接而成。数千年以前，人们能够建造如此规格的水井，可见其技术的发达。在当时，我国农业已率先进入犁耕稻作时代，稻作生产相当发达，人们已经摆脱了一铲一锹的耜耕，率先迈入了连续耕作的犁耕阶段。

三角形石犁作为农耕的主要工具被人们广泛应用，这就极大地提高了生产效率，也为社会的繁荣奠定了雄厚的物质基础。

与以往相比，人们在稻种的驯化和培育上更加注重其优良性。在长期的农业生产中，人们积累了更为丰富的农耕经验，培育与湿润温和气候相适应的良种。

优良的稻种极大地增加了收成，这使余粮也越来越多，食物十分充足，这就使得规模庞大的人口有了稳定的食物供应。

食物供应充足了，人们衣食无忧，生产力的迅猛发展和进步，极大地推动了手工业的发展，手工业更趋于专业化。在位于湖州东南钱山漾地区，妇女们已经掌握了相当发达的养蚕和纺织技术。

■ 良渚文化彩绘陶盘

缲丝 将蚕茧抽出蚕丝的工艺。原始的缲丝方法是将蚕茧浸在热盆汤中，用手抽丝，卷绕于丝筐上。盆、筐就是原始的缲丝器具。我国在原始社会就存在缲丝，对野蚕茧和家蚕茧进行人工缲丝制。进入文明社会后，缲丝技术发展成从蚕茧牵引出丝，再把丝绕到框架上形成丝绞的成熟阶段。

人们运用家蚕丝织造绢织物绢片、丝带和丝线等生活必需品。所用的材质家蚕丝也是经过缲丝的，其经纬密度达到每平方寸120根，足见当时纺织技术的精湛。

陶器制造业也十分鼎盛，陶器中以鼎、豆、盘、双鼻壶、带流壶、带流杯、尊、篦为典型器物。陶器以黑陶为特色制作精美，还在器物表面涂漆，外形精美。

当时，最先进的陶器制作方式是轮制，黑陶豆盘的形状有圆形和椭圆形，胎质细腻，造型规整，器种变化多样，用途分明，尤其是鼎、豆、壶的组合，构成了富有特色的器物群。

此外，良渚先民所创造的物质文化和精神文化的精髓便是玉器制造业的发达，开始出现了大型的玉器礼器。良渚文化玉器，达到了我国史前文化的高峰，玉器数量之多，品种之丰富，雕琢之精湛，在同一时期的我国乃至拥有玉传统的部族中，都独占鳌头。

玉器的种类有珠、管、璧、璜、琮和蝉等。人们还把崇拜的对象刻在玉器上，多是似神似兽的神人形象和神人兽合一的形象。

玉器上的纹饰除了神人兽面图像外，最多的图案是鸟。人们还习惯于把发生的事情刻画在器物上，这也是我国较早的"原始文字"之一。在诸多玉器中，

用于祭礼的玉器堪称是玉中的极品。

在礼器中有一种玉琮，个体高达18厘米至23厘米，上面雕刻圆目兽面纹，工艺精湛，是古代玉器中的珍品，被誉为"玉琮王"。玉琮的形状为内圆外方，这与古代的天地相通思想相吻合。

礼器主要是供人们祭祀之用，人们在不同的地点建造了许多祭坛，典型的祭坛，如余杭祭坛。该祭坛平面呈方形，从里向外为红土台、灰土围沟和砾石台，外围的边长约20米。祭坛上有大墓，是人们祭祀先祖和天神的地方。

生产力的发展、手工制造业的进步，使社会大量的财富囤积成为可能，于是产生了贫富分化，这在人们死后也表现得格外明显。

人们死后都被安葬到公共墓地，但不同墓葬其规格和聚落布局都有严格的等级制度。贵族和平民的随葬品是不同的，在墓葬中随葬的玉器有璧、琮、钺、璜、冠形器、三叉形玉器、玉镯、玉管、玉珠、玉坠、柱形玉器、锥形玉器、玉带及环等。另外，也有少量的陶器作为随葬品。

到了后来，良渚地区进入中原夏王朝的统治时期。受到中原文化的影响，长江下游地区

祭坛 古代用来祭祀神灵、祈求庇佑的特有建筑。先人们把他们对神的感悟融入其中，升华到特有的理念，如方位、阴阳、布局等，无不完美地体现于这些建筑之中。祭祀活动是人与神的对话，这种对话通过仪礼、乐舞、祭品，达到神与人的呼应。

085

文明孕育

远古遗存

■良渚文化玉制人面

■ 良渚文化遗址出土的玉钺

璧 古代用于祭祀的玉质环状物，凡半径是空半径的三倍的环状玉器称为"璧"。按古文献记载，璧的用途一为祭器，用作祭天、祭神、祭山、祭海、祭河、祭星等。二为礼器，用作礼天或作为身份的标志。三为佩饰。四做砝码用的衡。五做辟邪和防腐用。

的各氏族部落在政治、经济、军事各个领域也都发生了巨大的变革，一些相对独立的"王国"应运而生了。

这时期，良渚地区逐渐形成一座面积达290多万平方米的城池，这座城池是我国长江中下游地区同时代最大城池，在当时可谓是"中华第一城"。

5000年以后，浙江余杭良渚镇发现了这一重要古人类遗址，命名为"良渚文化遗址"。遗址总面积约34平方千米，是良渚文化中心。良渚遗址实际上是余杭县的良渚、瓶窑、安溪3镇之间许多遗址的总称。

良渚是新石器时代晚期人类聚居地方，良渚文化是长江下游太湖流域一支重要铜石并用时期的古文明。良渚文化分为石器时期、玉器时期和陶器时期。

良渚遗址是中华文明传统中最有价值的部分之一，它不仅开创了曾经盛极一时的"良渚社会"，而且值得全人类保存和借鉴。

良渚文化还有寺墩遗址。遗址位于江苏武进三皇庙村，这里发现随葬玉制璧、琮较多的良渚文化墓葬。根据地层堆积及2座墓葬，寺墩遗址分2层：下层属崧泽文化，上层属良渚文化，距今约4500年。

遗址下层为崧泽文化遗存。陶器有圈足饰圆形和三角形镂孔的豆、折腹或球腹罐、花瓣足壶等。发

现墓葬1墓，墓主为女性，仰身直肢葬，随葬有鼎、豆、壶、纺轮4件陶器。

上层为良渚文化遗存，内涵比较丰富。有3座墓葬，自东向西排成一列，未见墓坑和葬具，系掩土埋葬。头向均朝南。东边的3号墓死者为20岁左右的男性，仰身直肢葬。人的肢骨和部分随葬的玉璧、玉琮、石斧上有明显的火烧痕迹，说明埋葬时举行过某种用火的玉敛葬仪式。

随葬品达124件，除陶器和玉石制的穿孔斧、有段石锛、斜柄石刀等生产工具以及玉质的镯、锥形饰、坠、珠、管一类装饰品外，突出的是24件玉璧和33件玉琮。玉璧素面无纹，琢磨光滑，分置于头部、胸腹和脚部，最大且制作最精的一件放在腹部。

玉琮中有一件兽面纹镯式的置于头部右上方。其他均为横槽分节、高矮不一的方柱体玉琮，大体围绕人骨架四周摆放，最高的一件有13节。另两座墓也都用玉璧、玉琮随葬。

这里玉器质料绝大多数是透闪石，属于软玉。根据玉璧上遗留的一层砂粒，可知当时以石英砂粒为解玉砂。从璧、琮的规格及表面弧形琢痕看，可能使用了石英砂石圆盘或轮锯的琢玉装置。

由此可见，良渚文化的琢玉技术已经相当先进，琢玉在

■良渚文化玉璧

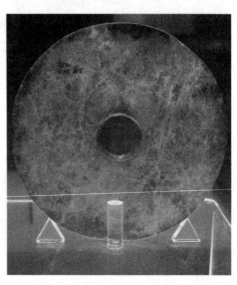

■良渚文化玉琮

当时已成为独立的手工业了。璧、琮这类贵重礼器在我国古代一直是权力、地位和身份的象征，它们在良渚文化厚葬墓中的发现，反映出当时的原始氏族制已濒临崩溃。良渚文化玉璧、玉琮的精美形制和繁缛兽面纹饰，还为商代文化所吸收并得到发展，构成了我国古代文明的重要因素之一。

良渚文化一向被誉为"文明的曙光"。在我国史前文明的各大遗址中，良渚遗址的规模最大，水平最高。良渚遗址群将成为实证中华5000年文明史的圣地。史前的长江文明，为华夏文明的兴起和发展奠定了坚实的基础。

阅读链接

公元前3000年的汉水流域，先人们就在湖北天门市石河镇北，建起了规模宏大的古城。这个古城南北东西各有1千多米，面积高达120万平方米。

这座史前巨城之大，让人目瞪口呆，仅现存的城垣西边的壕沟宽就有60米至80米。废城遗址中还有巨大的官殿或宗庙等特殊用途的大型建筑。

紧邻的土坑中出土了5000多件陶塑动物和人像。双膝跪坐的人像，大多是头戴浅圆帽，身着长裙，头后挽髻，端庄而虔诚。遗址中的一个陶罐上面刻画着一个神奇的人物，服装与巫师的服装截然不同，从形态看俨然是一位王者和统帅。从中可以看出，城中主要住的人是贵族、巫师和武士。

宝墩文化标志进入新石器

　　长江上游的重庆忠县哨棚嘴一带，大约从公元前4600年开始，就有人类在此繁衍生息。与此同时或稍晚一些，川西成都平原上也生活着一群远古人类，他们创造了成都平原最古老的史前文明。

宝墩人生活遗址

在古籍中曾对我国南方地区有过这样的描述：

> 江南地广，或火耕水耨。民食鱼稻，以渔猎山伐为业，果蓏嬴蛤，食物常足……饮食还给，不忧冻饿，亦亡千金之家。

这段史料生动地勾勒出包括长江流域在内的我国南方独特的自然环境，对人类生存活动的影响。当时属于新石器时代晚期，以川西成都平原的宝墩地区为中心，在川北的绵阳、广元，川东北的通江、巴中，川西南的汉源狮子山等地区也有人类生存。

人们依据奇特的地势，在宝墩一带建立了完整的村落。这一地区地形奇特，在一马平川的绿色沃野上凸现出以黄土垒起的城墙。城墙内阡陌纵横，沟渠交错，城内的房屋多是木骨泥墙，经火烘烤后坚固结实，经久耐用。

■ 古代城垣遗迹

城垣是古代文明起源的重要标志，这时期长江上游城垣主要是成都平原新津宝墩、郫县古城村、都江堰芒城、温江鱼凫村、崇州双河村和紫竹村6座城垣。

人们在6座城池四周都修筑了高大的城垣，城垣均采用夯土建成，夯层清楚，夯面紧密。如新津宝墩的龙马城垣，其周长3.2千米，宽达8米至31米以上，高度超过4米，可见其规格之大。

如此厚实的巨大城垣，连同城内的大片房屋，尤其是城中心的大型聚落建筑，都表明了以成都平原为中心的长江上游地区迈进了文明社会的门槛。

这6座城垣都是建在平原冲积扇河流形成的相对较高的台地上，布局规整，大多呈方形或长方形。各城的面积大小不等，最小的都江堰芒城有12万平方米，最大的宝墩龙马古城达60万平方米，其余在20万至30万平方米之间。

城内有大量的建筑、灰坑和墓葬，其中很多房屋的面积在10平方米至50平方米左右。城垣的中心部分，地位高的人开始建筑面积很大、规格颇高的中心聚落，作为上层统治者活动或居住的处所。规模较大的建筑群面积约3000平方米。

在郫县古城村城池中也有一座大型宫殿或宗庙一类的礼制性建筑，是一座大型上层统治者宗教祭祀和活动的中心。该建筑平面呈长方形，西北至东南方向，长约50米，宽11米，面积达550平方米。这个

■ 祭祀场景

祭祀 是儒教礼仪中最重要的部分，礼有五经，莫重于祭，是以事神致福。祭祀对象分为三类：天神、地祇和人鬼。天神称祀，地祇称祭，宗庙称享。祭祀在古代有严格的等级界限，天神地祇只能由天子祭祀；诸侯大夫可以祭祀山川；士庶人则只能祭祀自己的祖先和灶神。

建筑与一般建筑不同，没有隔墙，房间是宽度不大、进深很长的通间。

这一时期，宝墩农业和手工业都很发达，人们过着农业定居兼狩猎采集的生活。生产工具主要是以磨制石器为主，有石斧、石锛、石凿、石刀和石铲等。

有了这些工具，无论是清除杂草、开荒垦地，还是农作物收割，都极大地提高了生产效率。所制石器选材考究，磨制细腻，如石凿，磨制精细且规整，石质较佳，个别似玉质，几乎可与玉器媲美。由于石器制作技术的娴熟，玉器的加工制造技术也更加精湛。

除了石器和玉器，这一时期制陶技术已经达到相当高的水平。陶器制作是用泥条盘筑加慢轮修整而成。经慢轮修整后器形规整，器表打磨光滑。很多器物采用分体制作，使用粘接的方法。

陶器中圈足尊、喇叭口高领罐等器物及其纹饰制作都相当精细，尤其是喇叭口高领罐，因其火候较高，叩之有声，堪称极品。

农业和手工业的发展，增加了财富的积累，也加深了贫富的分化，这在墓葬规模和墓中随葬品方面表现得尤为突出。

当时的墓葬均为长方形竖穴土坑墓，不同墓中的随葬品不尽相同。有的墓中不但随葬品多，还随葬一些珍贵的物品。而有的墓中随葬品则十分简陋，有的甚至一无所有。可见，也只有极少数贵族统治者拥有巨大的财富。

这时成都方圆不过100千米内，有两三个城池几乎同时共存。成都平原只是在四川盆地西部的小盆地，《山海经》说，这里是"百谷自生，冬夏播种"的"三蜀沃野"、"天府之国"，但相对狭小地区内，生产水平不会太高的龙山时代，城邑密集、人口膨胀，将会是灾难。

这些城邑存在的年代历时约200年左右，此兴彼废，各自兴盛一时。当时属酋邦制时代，酋邦不像国家以领土为疆域，而是以血缘氏族部落的聚邑为疆域，或者是村居或者筑小城聚居，部落联盟的酋长则据中心大城。人来筑城，族迁城废，天灾人祸，兴废消长，变化多端，因而给后世留下了大量的古城群。

■宝墩房屋

■ 部落联盟场景

中华巨龙

长江文明与历史渊源

《山海经》 先秦时期重要古籍，是一部富于神话传说的最古老的奇书，传世版本共计18卷，包括《山经》5卷，《海经》13卷。内容包罗万象，主要记述古代神话、地理、动物、植物、矿产、巫术、宗教等，也包括古史、医药、民俗、民族等方面的内容，其中的矿物记录，是世界最早的有关文献。

据著名古籍《山海经》中记载：

东海之外，大壑，少昊之国。少昊孺帝颛顼于此，弃其琴瑟。……长流之山，其神白帝，少昊居之。其兽皆文尾，其鸟皆文首，是多文玉石。实惟员神石夷氏之宫，是神也，主司反景。

这里的员神石夷氏，即为少昊，他由东方的太阳神变成了落日之神。少昊原来的居住地，在他迁移后，他的余部建立起了少昊之国。

当少昊西迁之后，氏族将原来东方的地名也带到了西方，所以在后代传说中，东西方均有所谓的扶桑、穷桑等地名，这些都与这场氏族大迁移有关。伴随着氏族迁移，各地文化也得到有效的融合。

时光斗转，历史也在不断向前发展。到了原始社会末期，在四川境内，部落众多，大小诸侯国林立。

各部落为了扩充实力，不惜强取掠夺他人的资源和财富，因而战争烽烟四起，连续不断。

为了免受战争的惨祸，更为了抗击强敌的入侵，各部落首领纷纷在其住地周围筑墙挖沟，造城设关。于是，一大批规模空前的城址群，在西成都平原如雨后春笋般拔地而起。随着阶级对立的加剧，贫富悬殊的加大，战争变得愈加频繁和激烈。

社会处在剧烈动荡和进一步分化当中，同时也在迅速进步向前发展之中，随之而来的将是一个崭新的高度发达的社会文明。

又过了数千年，人们在成都平原发现了这一古老文化，其发现在宝墩而命名为"宝墩文化遗址"。宝墩文化既是这一时期成都平原最早的古城址的典型，也是四川即将跨进文明门槛的历史见证。宝墩文化的发现，对了解夏商时代三星堆文明意义重大。

宝墩文化是文明孕育时期的文化，相当于中原的龙山文化时期。其6座古城与三星堆的第一期属于同

少昊（前2598—前2525），相传是黄帝之子，是远古时羲和部落的后裔，华夏部落联盟的首领，同时也是东夷族的首领。我国五帝之首，中华民族的共祖之一。少昊时期是凤文化繁荣鼎盛时期，凤文化和龙文化是中华华夏文化的两大支柱，中华民族既是龙的传人，又是百鸟之王凤的传人。

■宝墩文化

期文化，它不仅大大丰富了三星堆一期的文化内涵，并且可与以三星堆古城为代表的夏商时期的三星堆文化或古蜀文明相衔接。

大量史实史迹证明，长江流域是中华文明的另一个重要的发祥地，长江与黄河一样，共同哺育了中华民族和中华文明。长江下游的原始文明逐渐发展扩大到上游地带，完成了整个长江史前文明的完整链条，而备受关注的宝墩文化的发现，更为长江上游的文明带来了新的曙光。

阅读链接

宝墩古城遗址位于四川成都新津城西北的龙马的宝墩，地形奇特，在一马平川的绿色沃野上凸现出一圈不规则的脊梁似的黄土埂子。埂内阡陌纵横，沟渠交错。沟底和两侧往往会发现一些散碎的砖瓦器物。

1995年，对宝墩进行考古发掘，经4个月发掘后确认，黄土埂子圈起的地方是距今约四五千年的古城遗址，散碎的砖瓦器物是蜀地先民早在四五千年前就进入文明的物证，属成都平原古蜀文明的最早阶段。

石家河文化玉雕达到高水平

在长江中游流域与宝墩文化几乎同一时期，大约在距今约4600至4000年间，在湖北天门的石河一带还处于新石器时代，生活在这里的人们衣食富足，已进入文明时代，玉器制造达到了精雕细刻的水平。

人们在邓家湾、土城、肖家屋脊等数十处，建立了较大的中心聚落。当时的经济生活以稻作农业为主，兼以饲养业。所饲养的家畜有鸡、猪、狗和羊等。日常用具以陶器、铜器和玉器为主。

这一时期陶器的一大特色是出现了黑陶器具，但是也有很多的红色陶杯

■石家河文化陶器

符号 是指具有某种代表意义的标识。来源于规定或者约定俗成，其形式简单，种类繁多，用途广泛，具有很强的艺术魅力。它是信息的外在形式或物质载体，是信息表达和传播中不可缺少的一种基本要素。符号通常可分成语言符号和非语言符号两大类，这两大类符号在传播过程中通常是结合在一起的。

和陶塑。在邓家湾还有专门生产小型陶颜的窑场，其形象有狮、大象、虎、鸡、鱼、龟、鳖以及抱鱼跪坐的人物等。

这些小塑像集中在窑穴之中，有的窑穴中多达1000多件，是用于原始巫术祭祀活动。当时，邓家湾作为小型陶塑专门产地，再通过交换输往其他各地。

这一时期的陶器多有刻画符号，其符号又以象形符号为主，大多以简练的笔画勾勒出某一事物的外部形态，并且一件陶器上只有一个符号。这也是此时陶器的显著特征。

陶器上所刻的符号绝大多数为单体符号，也有少数的合体符号。基本笔画为弧线和直线，间或用少数未戳穿的圆形小戳孔。少到2两画，多至10余画，主要是用某种材料制成的锐器在大口尊、缸的坯体上刻画而成。

这些符号沟槽较深，有些残片往往沿沟槽断裂，沟槽内的颜色与器表一致，笔道深粗均匀，线条自然流畅。有些符号因刻画较深，坯体烧干后槽口张裂，其现存宽度往往大于刻时的宽度。

高领罐等泥质灰陶小件陶器则是在陶器烧成后或使用过程中刻画而成，笔道浅细，刻画处的颜色

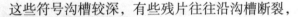

■石家河文化陶罐

比器表要浅。随着制陶业的发展，冶铜业和琢玉工业也得到了极大的发展，尤其是琢玉工艺崛起后，形成特色鲜明、工雕高超的玉器特色。

玉器种类繁多，有人面雕像、兽面雕像、玉蝉、玉鸟、飞鹰、猪龙、玦、璜形器、管形器等。这些造型丰富的玉器体积小，重量轻，纹饰简洁，做工却很精细。

玉器不仅用于观赏和生活，还作为随葬品的主要物件。有的大型墓葬长达3米多，随葬品中的玉器及玉石料达100多件。

一些成人瓮棺葬中的小型玉器随葬品常达数十件，是这一时期玉器墓之首。由此可见，当时人们视玉器为重要财富，对玉器是极为重视的。但是，此时已经处于原始社会的瓦解阶段。

在石家河玉器里，有如下几种特点：

第一是玉面人头像，分为獠牙和非獠牙2种。形状特点为方脸，橄榄眼，鹰钩大鼻，耳有大耳环，阔嘴。工艺上最突出的特点是剔地阳纹，也叫"压地"或"减地阳纹"。这种工艺做一条阳线，首先要刻出两条阴线作为阳线两边的轮廓，然后再分别剔除两边多余的部分将阳线凸起，最后还要平整除去部分的表面，工序相当复杂。

同时代良渚玉器工艺远不及石家河玉器。后代商玉双勾阴线也只是石家河玉工艺的第一步。直到后

■ 古代玉雕

瓮棺葬 古代墓葬形式之一，以瓮、盆为葬具，大多将大人或小孩的尸体殓入其中埋葬。这种葬俗流行于新石器时代至汉代，是将未成年人、夭折后的婴儿尸骨放入陶瓮中，盖上盖子，埋于地下。这些陶瓮以及瓮盖不是专门烧制的，而是将日常生活中的储物器随机拿来用于埋葬。

商周 通常分为商朝、西周和东周三个时期，而东周又可分为春秋和战国2期。商周时期出现了比较完善的文字制度，进入了文明的历史时期。创造了灿烂夺目的青铜文化，并进而完成了由青铜时代向早期铁器时代的转变，并且城市在这一时期兴起。

世，制玉也因其工艺复杂、要求高而很少使用阳纹。

第二是玉片饰。石家河玉片饰则采用最先进"拉丝"工艺方法，外廓起牙多，内部镂空多，留地少，多为规整直角。工艺和图案都媲美于红山、良渚。

第三是喇叭形器。良渚的玉琮、红山的玉箍形器都曾令世人瞠目，但石家河玉喇叭更该让人感慨。这小小的喇叭，不但有琮和箍形器的内部掏膛取芯，还要内外配合，琢磨成喇叭形，并雕出数道阳纹圈，然后将器面平整抛光，其工艺强度难度远远高于红山玉箍和良渚玉琮。

第四是石家河有很多玉虎头。说明石家河先人有崇虎习俗。玉虎头玲珑饱满，线条流畅，形象生动。工艺上集浮雕、圆雕、镂空雕于一身。这一高超的技艺是同时期其他文化所没有的。

石家河的玉器如同远古的和氏璧，如果剥掉玉皮，其灿烂辉煌不亚于良渚、红山。石家河的玉人头基本都具有"头戴冠帽、菱形眼、宽鼻、戴耳环和表情庄重"的特征，但在造型上富于变化。

■ 石家河文化玉虎头

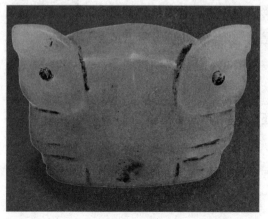

这些玉制的人头形象可能代表着石家河先民尊奉的神或巫师的形象。相比人头形象，动物形玉器多为写实造型：展翅飞翔的玉鹰生动逼真、栩栩如生；玉虎头方头卷耳，生气勃勃；玉蝉写实的

形象，开创了商周时期玉蝉造型的先河。

数千年后，人们在湖北天门的石家河镇发现了这处古人类遗址，并命名为"石家河文化"。这是一个规模很大的遗址群，多达50余处。该文化已经发现有铜块、玉器和祭祀遗迹、类似于文字的刻画符号和城址，表明它已经进入文明时代。

石家河文化，以出土小型精致的玉器而备受关注。玉人头、玉鹰、玉

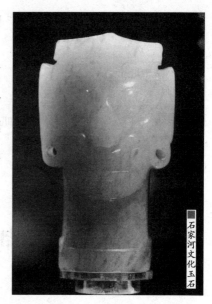

■石家河文化玉石

虎头和玉蝉属于石家河文化玉器中的精华部分。它们大多出土于成人瓮棺之中，显示石家河先民具有特殊的原始宗教信仰。可以说，石家河的玉器代表了江汉平原史前玉雕的最高水平。

阅读链接

和氏璧是我国历史上著名的美玉，被奉为"无价之宝"。和氏璧最早见于《韩非子》《新序》等书。

春秋时期，楚国有一个叫卞和的琢玉能手，拿着在荆山里得到的一块璞玉去见楚厉王。厉王命玉工查看，玉工说这是一块石头。厉王大怒，以欺君之罪砍下卞和的左脚。厉王死后武王即位，卞和再次捧着璞玉去见武王，武王又命玉工查看，玉工仍说是一块石头，卞和因此又失去了右脚。

武王死后文王即位，卞和抱着璞玉在楚山下痛哭了三天三夜。文王得知后派人询问为何，卞和说：我并不是哭我被砍去了双脚，而是哭宝玉被当成了石头，忠贞之人被当成了欺君之徒，无罪而受刑辱。于是，文王命人剖开这块璞玉，见真是稀世之玉，便命名为"和氏璧"。

大溪文化迈入制陶新阶段

　　人类的进步及频繁的迁徙，既促进了经济的繁荣，也加速了各地区文化的融合。长江流域的远古文明也在不断的融合与发展中前进。

　　大约公元前4400至公元前3300年间，是长江中游地区的新石器时代，生活在四川大溪地区的古人类制造的白陶和薄胎彩陶，代表了同

■大溪人使用的原始陶器

一时期较高的制陶工艺水平。人们居住红烧土房屋并较多使用竹材建房，居住条件大为改善。

　　在经济上，大溪的居民以稻作农业为主，主要种植粳稻。除了饲养猪、狗之外，鸡、牛、羊也已成为常见的家禽和家畜。

　　这一时期，虽然以稻

■ 大溪文化动物陶器

作为主，渔猎和采集等辅助经济仍占有一定的比重。人们在劳作之余捕捉鱼、龟、鳖、蚌和螺等水生动物以及到森林里捕猎野猪、鹿、虎、豹、犀和象等，作为饮食、生活用度的另一重要来源。

除了农业和副业的发展，在手工业上也有了长足的进步，尤其是制陶业方面，以白陶和薄胎彩陶最为突出，专业陶窑也较前代有了较大的改进。陶窑由斜坡状火道、火膛和出烟口3部分构成。

火膛下半部挖在生土中，上半部用大块红烧土垒成。火膛之上未见窑箅，围绕窑壁内侧有一周放置陶坯的平台，大多数陶器火候较低，烧成温度为750度至880度。

大溪的陶器以红陶为主，普遍涂有红衣，有些因扣烧而外表为红色，器内为灰、黑色。盛行圆形、长方形、新月形等戳印纹，一般成组印在圈足部位。

此外，也有少量的彩陶，多为红陶黑彩，常见的是索纹、横人字、形纹、条带纹和旋涡纹。主要器形有釜、斜沿罐、小口直领罐、壶、盆、钵、豆、簋、

白陶 指表里和胎质都呈白色的一种素胎陶器，它是用瓷土和高岭土为制陶原料，烧成温度在1000度左右。白陶基本上都是手制，以后也逐步采用泥条盘制和轮制。商代晚期是白陶器高度发展时期，西周时期便不再烧造。其器型种类不多，大多为生活用品，其装饰方法有刻纹和浅浮雕2种。

圈足盘、圈足碗、筒形瓶、曲腹杯、器座、器盖等。

人们通常所用的白陶圈足盘，通体饰有类似浅浮雕的印纹，图案复杂精细。薄胎细泥橙黄色的彩陶单耳杯和圈足碗，胎厚仅0.1厘米至0.15厘米，并绘以棕红色的多种纹样，显得精美别致。

此外，匠师们还精心制作实心陶球和空心裹放泥粒的陶响球，以供把玩。这也是我国有陶器记载历史以来，极为少见的陶器玩具。

除了陶器，石器也作为日常用具广泛使用，尤其是石锄和椭圆形石片切割器等打制石器。在这一时期的石器中，两侧磨刃对称的圭形石凿颇具特色，也有很少的穿孔石铲和斜双肩石锛，也有长达三四十厘米的巨型石斧。

大溪居民的葬俗极为特殊，葬式复杂多样，跪屈式、蹲屈式的仰身屈肢葬是其主要特点。

墓地中的死者多以头向南安放，除个别墓葬是成年女性和儿童的合葬墓外，绝大多数实行单人下葬。葬式一类为直肢葬，数量占半数以上以仰身直肢为主。另一类为屈肢葬，其中多数是仰身屈肢，以双脚压在髋骨下的仰身跪屈葬和下肢向上屈的仰身蹲屈葬最为特殊。也有一些是将死者捆绑后埋葬的，下肢弯屈程度很大。

绝大多数的墓都有随葬品，最多的达数十件，而随葬品也是女性

■大溪文化圈足盘

墓较男性墓富有。有的是在死者臂骨上佩戴石镯、象牙镯等饰物，有的是整条的鱼骨和龟甲摆放在死者身上或是置于口边，也有的是两条大鱼分别垫压在两臂之下。

以鱼随葬的现象，在我国新石器时期是极为少见的。另外，还有少数的以狗为随葬品的墓葬，这在其他地区的墓葬规制中更为罕见。

数千年以后，人们在重庆巫山的大溪发现了这处奇特的古人类文化遗址，并据其发现地而将其命名为"大溪文化"。其分布东起鄂中南，西至川东，南抵洞庭湖北岸，北达汉水中游沿岸，主要集中在长江中游西段的两岸地区。

■ 大溪墓葬出土的象牙镯

大溪文化的发现，揭示了长江中游的一种以红陶为主并含彩陶的地区性文化遗存。在大溪文化遗址中，共发现300余座墓葬。其中大溪墓地的最多，人骨保存较好。

大溪文化分为连续两个阶段，早期为母系氏族公社的繁荣阶段，晚期为父系氏族公社的萌芽阶段。早、晚两期墓葬所反映的社会性质有很大的差异。

大溪文化与仰韶文化比较，两者都有外形近似而各属自身系统的折沿盆、敛口钵、口瓮和小口直领罐等陶器，反映了在同一时期南、北所流行的器物形制和作风。

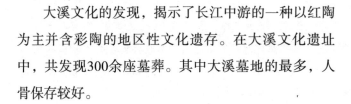

镯 是女子专门佩戴的饰物，质地有金、银、玉、水晶等贵重金属与石头。镯字从金，从蜀，"金"与"蜀"联合起来表示"金属制的网罩"。作为普通人手腕装饰品的"手镯"，原指一种带状有孔眼的腕饰。

■大溪墓葬发现的动物骨骼

另外，明显存在互相交流影响的因素。如淅川下王岗的早一期和早二期遗存中的陶、豆、盂、筒形瓶式细高器座等，是受大溪文化影响的产物。

大溪、关庙山、红花套等处发现的圆点钩叶纹和花瓣纹的彩陶罐、垂幛纹彩陶钵片、双唇小口尖底瓶片等，是仰韶文化庙底沟类型南下影响所及的实物例证。

此外，在湖南石门皂市、湖北宜都城背溪、秭归柳林溪，都有较早的新石器遗存。这些为探讨大溪文化的渊源提供了重要线索。

阅读链接

巫山大溪文化遗址三次发掘墓葬207座，其中9座有以鱼随葬的现象，有的鱼被放在身上，有的放在脚旁，有的放在双臂下，有的被含于口中。新石器时代的丧葬仪式就是巫术仪式，以鱼随葬也包含有原始宗教和巫术的意蕴。

鱼作为大自然提供给原始人的食物资源，有专门一部分人承担鱼类的捕捉和供给，因而这些人便具有了特殊的身份。他们的死亡，是村社部落氏族的重大损失。而在部落氏族社会的意识里，死者的灵魂依然活着，仍然会继续发挥出一种神秘的力量。

所以，以鱼随葬并不仅仅是供死者在另一个世界里享用，更重要的意蕴在于，祈望死者的灵魂在另一个世界里继续以其专门技术来为这个世界里活着的人提供生存和生活的帮助。

屈家岭文化的分间房屋建筑

在长江流域中游江汉平原的屈家岭一带，公元前2550至公元前2195年间，一群新石器时代人类在这里创造了灿烂的古代文明。

这一时期，稻作农业以人工栽培的粳稻为主业。居民还饲养以猪、狗为主的家畜，同时兼事渔猎。生产工具最初有磨制的石斧、石锛、石凿、石镰、穿孔石耜、石镞和打制的凹腰石锄及彩陶纺轮等，磨制一般比较粗糙。后来，磨光石器也有所增加，双肩石锄成为人们

■屈家岭文化陶器

屈家岭先民制作陶器

中华巨龙

长江文明与历史渊源

常用的农具之一。

为了便于生产和生活，人们还建造了圆形城池作为固定的生活区。其中，位于湖南澧县城头山的圆形城池，直径约310米，外侧建有护城河。

当时居民房屋大多是方形、长方形建筑，有红烧土居住面、木骨泥墙或直接用黏土混合烧土渣垒成墙壁，还有先挖墙基槽，然后立木柱建筑墙体，最后造房架。墙体有2种，即夹板堆筑法和土坯垒砌法。屋顶为侧面起脊。

也出现了大型分间房屋建筑，大的房间长14米，宽5米多，室内面积约70平方米，单间房屋的面积一般10平方米左右。房屋地面都是用红烧土或黄沙土做铺垫，以便隔潮，表面再涂白灰面或细泥，并用火加以烘烤使之坚硬。在室内中部或偏一角处筑有火塘，火塘附近备有保存火种的陶罐。

人们在建房过程中，有时还把整条猪、狗埋在房基下作为奠基牺牲。这些建筑既有单间的，也有套间或各开屋门的双间屋，有的各间分别开门通向户外。多间式房屋的出现，显示出建筑技术的进步，同时反映了父系家族实行小家庭分居生活的情景。

人们死后有固定的氏族公共墓地。成年死者多采用土坑葬，儿童用瓮棺葬，多数墓中都有数量不等的随葬品，前期多小型明器，包括朱绘陶器和朱绘卷云纹石钺等。后期有个别墓随葬猪头骨。

墓葬形制以竖穴土坑墓为主。成人墓多是单人仰身直肢葬，有拔

掉上侧门齿的现象。小孩墓多为圆形土坑瓮棺葬，葬具通常是在一个陶碗上对扣一个陶盆或用两个陶碗对扣，竖埋在小土坑内，一般都无随葬品。有的葬具底部中心特意凿出一孔，有可能是作为儿童灵魂出入的孔道。

这一时期，制陶业在手工业生产中占有最重要的地位，主要烧制黑陶和灰陶，也烧一些朱绘陶和彩陶。最有特色的是薄胎晕染彩陶，在陶器表面的陶衣上，用黑彩绘一些方格、桂叶形纹、带纹和垂幛纹等，精美而富有特色。

花纹色彩与陶衣上的色彩交互映衬，浓淡相间，仿佛云水相接，别有一番趣味。早期黑陶多，灰陶次之，黄陶和红陶较少。陶器表面多数为素面磨光。

陶器制作以手工为主，少量采用轮修工艺，但快轮制陶已普及。烧陶温度在900度左右。陶器大部分素面，少量也饰以弦纹、浅篮纹、刻划纹、镂孔等。

彩陶很有特点，作笔有浓淡，不讲究线条，里外皆施彩。陶衣有红、白等色，施加陶衣后用黑色或赭色彩绘出带形纹、网格纹、圆点纹和弧三角纹。

陶器器型有高圈足杯、三足杯、圈足碗、长颈圈足壶、折盘豆、盂、扁凿形足鼎、甑、釜、缸等，其中，蛋壳彩陶杯和碗最富代表

垂幛纹 新石器时代晚期彩陶装饰纹样之一。因以边续的下垂波线组成画面如垂挂的帏幛，故名"垂幛纹"。是用黑、红二色描绘，在双耳壶、罐等器物的上腹部画出有规律性的辅助纹饰。早期为单线垂弧，是由马家窑类型的水波纹发展而来的，一般装饰在壶、罐类器物的腹部，在主体图案下沿一周。

■屈家岭文化彩陶

性。另有较多的彩陶纺轮，其横截面有椭圆形、长条形等，纺轮上先施米黄色陶衣，然后彩绘出旋涡纹、平行线纹、同心圆纹、卵点纹和短弧线纹。

屈家岭的陶器圈足器很发达，三足器较多，平底器较少，不见圆底器，器形有罐形鼎、高领罐、高圈足杯、薄胎杯和壶形器等。

岁月如梭，当时的一切早已成为历史。数千年后，人们在修建石龙水库干渠时发现了这处古人类遗址，因其具有鲜明的江汉平原的特点，有别于我国新石器时代的仰韶文化和龙山文化，因此将这种文化定名为"屈家岭文化"。

屈家岭遗址的分布范围可分为四区：江汉平原区、鄂西区、湘北区和鄂东区。经过发掘的屈家岭文化遗址包括京山屈家岭遗址、荆州阴湘城遗址、石首走马岭遗址、钟祥六合遗址、天门邓家湾、谭家岭和肖家屋脊遗址等。

屈家岭遗址的发现在我国考古界有着重要的意义，这一珍贵遗迹充分地说明了长江流域同黄河流域一样，是中华民族的摇篮。

阅读链接

根据考古挖掘勘测，屈家岭文化的北部外围分布区，已达到南阳地区伏牛山南麓一带。这里原是仰韶文化的分布范围，后来屈家岭文化扩展及此，并与黄河流域腹地的末期仰韶文化和早期龙山文化先后发生接触和交流。

在具有仰韶文化向龙山文化过渡性质的河南禹县谷水河第三期和郑州大河村第四期文化遗存中，分别出土有双腹豆、高领圈足壶、高圈足杯、盆形瓦足鼎等，都与屈家岭文化的器形相同或近似，显然是屈家岭文化影响的结果。

在陕县庙底沟二期文化遗存中和青龙泉中层、屈家岭，又都存在喇叭口红衣小陶杯、圆底罐形鼎等相似的器物，也反映了相互间的联系。

开创辉煌

　　我国文字可考历史是从夏代开始的，此后历代的兴衰更替彰显了华夏古老文明的发展历程，而长江文明在历史发展进程中也经历了从局部到整体、逐步融合的漫长历程。

　　夏商周时期吴文化、越文化、楚文化及春秋战国时期楚文化，创造了长江物质文明和精神文明的累累硕果。到秦汉时期，秦迁民巴蜀以及对蜀地政治、文化措施的加强，对巴蜀文化发展起到了积极促进作用，到隋唐时期江淮地区经济和文化迅速得以恢复。

　　五代十国时期，江西成为文化繁盛之地，经济发达，教育昌盛，人才荟萃。这一时期，巴蜀文化发展再次形成高潮，在绘画、文学、书法、音乐、舞蹈、科技等方面，都产生了具有重要影响的代表人物或流派。

包罗万象的长江流域文化

巴蜀文化建筑

长江文化是一种以长江流域特殊的自然地理和人文地理为优势，以生产力发展水平为基础的文化体系。在长江文化这个大整体中，根据流域内局部的和地区的多样性，可将其划分多个文化区。

主要有巴蜀文化区、滇文化区、贵州文化区、两湖文化区、闽文化区、江西文化区、江淮文化区、吴越文化区、岭南文化区和桂文化区。

而众多文化分区中，以巴蜀文化最为壮观和最值得注

■ 云南元谋土林

目，其青铜器更是较历代丰富。巴蜀就是现在的四川地区，是一个气候温和多雨的地域，十分有利于农业生产。

四川自古以来便有"天府之国"之称，但四川"其地四塞，山川重阻"，这种地理上的封闭性和其文化特征上的开放性，形成了巨大的矛盾，自然也对巴蜀文化的发展产生了极其深远的影响。从巴蜀文化的发展进程来看，巴蜀文化始终是长江文化中的主体文化，在长江文化中占有举足轻重的重要地位。

滇文化区，又称"云南文化区"，地形地貌错综复杂，气候属亚热带—热带高原型湿润季风气候，各地差异很大。是我国居住民族最多的一省。

滇文化的发展具有悠久的历史。"东方人"和元谋人的发现，表明在人类的"童年"时代，云南地区就有原始人群活动。而近年来该地区一大批新石器时

元谋人 1965年发现于云南元谋上那蚌村附近，共计左右门齿化石两颗。后来还发现了石器、炭屑和有人工痕迹的动物肢骨等。元谋人的距今年代为170万年左右，属于旧石器时代早期的古人类，可能生活在亚热带草原至森林环境中。

代文化遗址的出土，则有力地推翻了云南地区在史前时期是"茫荒异域"的传统偏见。而这一时期生活在洱海区域的"稻作民族"，还创造了非常发达的、丰富多彩的稻作文明。

在公元前1150年左右，云南剑门地区已走进文明社会的大门。而晋宁、江川、安宁、楚雄、祥云、大理、永胜等地相继发现的大批青铜器，表明云南古代存在一个光辉灿烂的青铜文化，其青铜器的技术水平较之中原和长江流域并不逊色。到后来，云南的"哀牢夷"和"白蛮"等民族在滇文化的基础上，又大量吸收了先进的汉族文化，创造了灿烂的民族文化——南诏文化和大理文化。

贵州文化区，又称"黔文化区"或"黔中文化区"。其境内的沅江、乌江和赤水河，都是长江的重要支流。贵州在古代被蔑称为"蛮貊之邦"。但据考古发现，贵州境内早在五六十万年前就有了人类生活。

114

■观音洞文化

其境内的旧石器时代观音洞文化，与湖北大冶发现的石龙头文化有一定的渊源关系。到公元前2000年左右的新石器时代，贵州境内已有越人先民的分布，他们主要集中在乌江以南地区。这一地区发现的双肩石斧和有段石，就充分表明了它与我国东南沿海地区古文化的关系。

两湖文化区在历史

上先后被称为"荆楚文化区"和"湖湘文化区"。地处长江中游，以洞庭湖、湘江为中心，大致包括今天的湖北、湖南两省。自古以来，这里就是我国东西南北水陆交通的枢纽，有"楚塞三湘接，荆门九脉通"的说法。

两湖地区的历史，可以推溯到旧石器时代。"郧县人"、"长阳人"等的发现，表明早在几十万年前，这里就是远古人类的重要活动地区之一。

■ 三苗诞生故事壁刻

传说中的三苗就主要活动在这一地区。彭头山文化、城背溪文化、大溪文化和较晚的屈家岭文化，以及更晚的季家湖文化、石家河文化，都可能是三苗的文化遗存。这里在夏商时期已进入文明时代。

闽文化区又称"福建文化区"。福建地区早在1万年以前就有古人类活动。到了新石器时代，距今约4000年的昙石山文化，在某些文化因素和特征上，已比较接近于邻近地区的良渚文化。

江西文化区又称"赣文化区"，位于长江中下游以南，邻浙江、安徽、湖北、湖南、广东、福建等省。其范围集中在江西省境内鄱阳湖和赣江流域一带。

江西地区的文化具有悠久的历史。在乐平县涌山岩和安义县城郊，发现旧石器晚期的打制石器，说明

三苗 我国传说中黄帝至尧舜禹时代的古族名。主要分布在洞庭湖和彭蠡湖之间长江中游以南一带。当禹的夏部落联盟跨入奴隶社会时，三苗已有"君子"、"小人"之分，开始有了阶级分化。三苗有"髽首"的习俗，即把麻和头发合编成结。

■吴越文化石镰

距今四五万年前，赣江流域已有远古人类活动。

江淮文化区又称"两淮文化区"。以巢湖为中心，其范围大致包括今天长江以北的江苏、安徽等地，处在长江文化与黄河文化交流的过渡地带，是连接我国南北文化的走廊与桥梁。

江淮地区有着悠久的历史文明和丰富的文化遗存。早在更新世晚期，江淮地区就有了古人类的活动。新石器时代，这里又出现了独具地域特色的潜山薛家冈文化和苏北青莲冈文化。

吴越文化区又称"江浙文化区"，以太湖流域为中心，其范围东临大海，西临彭蠡与两湖文化区、江西文化区接壤，北与江淮文化区隔长江相望，南邻闽台文化区。

吴越文化渊源可以推溯到旧石器文化时期。到了新石器时代早期，吴越文化区内相继产生了河姆渡文化、马家浜文化和南京北阴阳营文化等，三支自成系统的原始文化，其丰富多彩的文化内涵充分表明长江下游的吴越地区也是中华古代文明的主要发源地之一。

到了新石器时代晚期的良渚文化时期，吴越地区的文化已发展到相当高的水平，率先进入文明时代，"从而翻开了中国东方文明的历史"。并在宗教、礼

北阴阳营文化

长江下游地区的新石器时代文化，因南京市北阴阳营遗址而得名，年代为公元前4000年至公元前3000年。主要分布在薛家岗文化以东的南京、镇江，向西与薛家岗氏族为邻，向东与崧泽文化相接。主要遗址有江苏太岗寺、卸甲甸、庙山，江浦蒋城子，安徽朱勤大山。等等。

制和工艺等方面，对中原地区的商周文化发生过深刻的影响。

进入夏商时代，作为良渚文化后继者的马桥文化最终与湖熟文化融为一统，使整个吴越文化区的文化面貌趋于一致。春秋战国时期，吴越文化随着吴、越两国的强大，相继称霸于中原，著称于世。

青铜冶炼、造船、航海、纺织、稻作农业、渔业等物质文化，都在当时居先进行列。后来，吴越文化先后融入楚文化和中原文化之中，其特征逐渐开始淡漠。

魏晋南北朝时期，吴越地区在北方动乱不定之时保持着相对稳定的局面，故文化在经济发展的基础上也有了长足的进步，并成为南朝的文化重心，其水平已达到或超过了同时期的中原文化。

隋唐时期，随着大运河的开通和我国经济重心的南移，吴越文化的地位也日显重要，到唐中叶以后已成为全国最重要的文化区。

到了五代和两宋时期，吴越文化得到了全面的发展。而北宋，更有"国家根本，仰给东南"及"两浙之富，国用所恃"之说。

元明清时期，是吴越文化的鼎盛期，其水平在全国首屈一指，时有"东南财赋地，江浙人文薮"之称。

岭南文化区地处我国最南端，濒临太平洋，独特的地理特征，奠定了岭南文化的基本特征。岭南曾一度处于相对孤立、闭塞和落后的状态，很难从邻近文化区中获得先进的文化因素，并与其进行文化交流；又由于它濒临海洋，容易受到海外文化的

岭南文化高足杯

■岭南文化客家石磨

马坝人 是1958年
在广东韶关曲江
马坝西南的狮子
山石灰岩溶洞内
发现的旧石器时
代中期的人类化
石，属于早期智
人。被发现的马
坝人头骨可能是
一位中年男性，
呈卵圆形，无顶
骨孔，眼眶上缘
为圆弧形，与尼安
德特人相似，鼻骨
相当宽阔，与后来
人有所不同。

强烈冲击和影响，使其具有一种开放性、兼容性、善变性文化特征，富有冒险创新精神。

岭南文化可以远溯到旧石器时代。在广东省韶关市曲江狮子岩出土的"马坝人"头骨化石，是目前广东境内发现最早的人类化石。

到了新石器时期，长江文化已经成为岭南地区的主体文化。如广东新石器中期遗址发现的彩陶，就与我国东南沿海或长江流域的彩陶有关。而广东新石器时代晚期石峡文化遗址发现的有肩石器、几何印纹陶、干栏式建筑及栽培稻等，都说明了它与长江文化的一致性。

大约在商代末年，岭南地区已进入青铜器时代。到了春秋战国时期，岭南的青铜器时代已经历了数百年的自身发展，加上吴越文化、楚文化等的影响和渗透，终于出现了奴隶制的生产关系，文化也得到了进一步的发展。

秦代灵渠的开凿，不仅沟通了长江与珠江两大水系，而且成为岭南文化汲取内地先进文化成就的主要生命线，揭开了岭南文化史上的重要篇章。

魏晋南北朝时期，岭南文化在内地文化的影响下得到了进一步的发展。唐代高僧禅宗六祖慧能，著有

六祖《坛经》流传于世，使印度佛教中国化。

唐宋时期，岭南继续向前发展，并成为长江文化与域外文化交流的一个重要据点，初步形成了自身的文化特色，这就是具有平民倾向、充满商业色彩的市井文化。

明清时期，是岭南文化大发展的时期，岭南的戏剧、诗歌、小说、史学和科学技术等方面的成就，均居全国领先地位，在长江文化中占有举足轻重的地位。

桂文化区，又称"广西文化区"，地处我国南部边疆，南临北部湾。西南与越南交界，东、北、西三面与广东、湖南、贵州、云南等省接壤。长江支流延伸到广西境内，并通过灵渠进一步沟通了与广西地区的联系。它虽在地理上也属岭南地区，但其文化发展上有着自身的特色，因此应该单独划为一区。

"柳江人"、"麒麟山人"化石的发现，表明早在旧石器时代广西境内就已经有远古人类活动。到新石器时代，该地区的主体文化就是长江文化。

春秋战国时期，生活于我国东南沿海地区的越人驾驶着"双身船"，大批迁徙到广西东部，这就是文献所载的"骆越"和"西瓯"

■战国青铜器

灵渠风光

人。他们在这里创造出了名扬四海的铜鼓文化，并成为今日壮族侗族
诸民族的先民。

综上所述，长江文化是以巴蜀文化、楚文化、吴越文化为主体，
包含滇文化、黔文化、赣文化、闽文化、淮南文化、岭南文化等亚文
化层次而构成的庞大文化体系，这些不同的文化共同体，在相同的文
化规则下聚合成一个共同的文化体，那就是长江文化。

阅读链接

在成都商业街有一座大型船棺墓。据推测，这是古蜀国开
明王朝的王族墓地，数量之多，体量之大，堪称全国之最。该
墓是一座大型长方形、多棺合葬的土坑竖穴墓，面积约620平方
米。最大的棺木长18.8米。

整个葬具是用整木上等楠树木刳凿而成，形似独木舟。船
棺随葬器物也相当丰富，以漆木器数量较多，造型精美，保存
完好。独木棺为陪葬棺木，有少量陶器和铜器，其棺木也要比
船棺简陋许多。在墓坑上还有规模宏大的地面建筑遗迹，范围
与墓坑基本一致。

如此规模宏大的墓坑及其地面建筑、巨型船棺、多具殉葬
的棺木、精美亮丽的漆器，尤其是大型编钟或编管漆基座表
明，这是一处极为罕见的大型墓葬，充分显示了墓主人生前显
赫的身份和崇高的社会地位。

吴城遗址见证商代铜业繁荣

到了商代，长江以南地区人烟茂盛，经济繁荣。在美丽富饶的赣江鄱阳湖平原上，分布着众多的商周城池，吴城则是商代规模较大、内涵极丰富的一座。

吴城是商代一处都邑，位于樟树吴城肖江二级台地山前地带，平面近似圆角方形，城内面积61.3万平方米，由四座连绵不断的山丘组成。据古籍记载：

吴城，又名铜城，有城垣、城门。

吴城垣体依自然山势和地势修筑，挖高补低。垒筑的方法是先平整地面，然后在主城墙

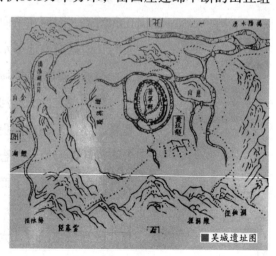

■吴城遗址图

■吴城遗址发掘现场

甲骨文 指商朝晚期王室用于占卜记事，而刻在龟甲或兽骨上的文字。甲骨文是我国已知最早的、成体系的文字形式，它上承原始刻绘符号，下启青铜铭文，是我国汉字发展的关键形态，后来汉字即由甲骨文演变而来。

相应的地面处，向下挖出一道与城墙平行的口宽底窄、底部平坦的斗状沟槽，然后用纯净生土一层层堆垒，当土层筑到与沟槽口部相平时，则把城墙加宽，再逐层堆垒，泼水踏实，直至设计高度。

人们建城选址时充分利用小地形的条件，依托自然岗丘和河道，因而在平面形制上并不规则。

人们又根据南方地下水、地面水和降水量都较多的情况，在城外侧挖筑护城河，护城河的开挖，把人工开凿与利用现有的天然河道结合起来，这不仅减少了工程量，还使防御功能更为有效实用，泄洪、防御护卫等多种功能有机地结合在一起。

生产力的发展推动了商业贸易的产生和繁荣。吴城古城有明确的分区，分为生活区、制陶区、铸铜区、墓葬区和祭祀区等几大区域。

城内居住着大量人口，生产者不直接从事农业劳动，而是以生产某一产品为业，他们把自己生产的手工产品拿到集市去交换、出售，换取货币之后再买回粮食和其他生活日用品。而城邑周围的百姓则主要从事农业生产，自给自足外多余粮食再拿到市场上出售，然后买回小件青铜器和陶器等。

商代吴城最显著的特色是出现了文字，这也是人类文明进步的主要标志之一。吴城文字符号已经出现了由多个单字组成的词和句子，这些文字是一种已经失传的比较先进的供地方使用的古文字，但仅盛行于当时，到了西周时期就被淘汰了。

有些字尽管与西周金文相同或相近，但是这些字在中晚期卜辞已经出现相同或者相近的形体。由此可见，吴城陶文出现的时间要早于商代后期出现的殷墟甲骨文。

吴城文字符号是吴城居民在吸收了中原文化因素的基础上，创造出来的一种供地方使用的文字。吴城文字符号有不少与中原陶文、甲骨文、金文相同或类似，有的则保留一些原始因素，在甲骨文、金文等古文字中都没有出现过。

陶文 古人在陶器上刻画的文字符号。陶文有2种，第一种是新石器时代陶器上的"原始文字"，已具有"标记"和"表号"的性质，是汉字的最早雏形。第二种是战国时代陶器上的文字，一般只有几个字，大多是印文，内容为人名、官名、地名、督造者名、吉祥语和年月等。

123

历史新篇

开创辉煌

■ 商代甲骨文

从商代晚期到西周中期，人们逐渐掌握了用红铜铸器的原始工艺，而吴城古城则是当时一个极为重要的青铜器铸造中心。

当时的青铜铸造作坊，其规模之大、设施之完善、工艺之精湛，为前所未见。独特的红铜冶金术在中原被加以改进，又影响着南方其他各地，从而铸造了我国灿烂的青铜文明。

吴城除了铜业飞速发展，陶瓷制造业也十分繁荣。工匠们在陶器上饰以独特的陶纹，也是这一时期陶器的显著特色。在品类繁多的陶器中，有一种特殊的炊具，它就是鬲，其外形似鼎，圆中，足中空而曲，大小不一，形态万千。

其中有一件大型商代陶鬲，高0.478米，口径0.402米，腹径0.387米，为灰色夹细砂陶质，敞口，弧腹，三袋足，通体饰粗绳纹，颈部附加一道宽带绳索堆纹，腹至腿部亦附加绳索堆纹。这件陶鬲被称为"中国分裆鬲王"。

吴城内陶窑遍布，规模庞大。其青瓷器烧造考究，是我国青瓷器的发源地之一。许多陶瓷器物上还带有刻画的文字符号，这也是这一时期青瓷的明显标志。

商代吴城陶器品种丰富，造型精美，制作精细，

■ 商代陶鬲

装饰纹样规整，也是罕见的。这也从另一侧面显示出吴城作为中心城池的显赫地位。

古代冶炼雕刻

吴城作为中心城池，给当地带来了前所未有的经济与文化的繁荣。吴城不仅地理位置优越，而且拥有铜、锡、盐等丰富的矿产资源。

商代吴城已明显出现"国家"的色彩，贵族们居住在吴城古城内，垄断了铜矿资源开采、冶炼和铸造，玉器的琢制，陶瓷器生产以及周边的边境贸易。

数千年以后，人们在江西清江县发现了这一曾经辉煌的商代城邑，并命名为"吴城遗址"。吴城遗址是一处商代中晚期的都邑遗址，年代为距今约3500年至3100年。吴城遗址的发现，对于认识长江流域土著青铜文化的产生与发展具有重要意义。

吴城遗址是长江以南首次发现的大规模商代人类居住遗址，从出土文物上看，其反映的文化内涵，既受中原文化的强烈影响，又具有鲜明的地方特色。

遗址中陶文、原始瓷、铸铜遗迹、龙窑的发现，标志着吴城地区早在3500多年前就已进入了人类的文明时代，进而推翻了"商文化不过长江"的论断。

值得一提的是，在西周时期，还有一处重要的古文化遗存，这就是炭河里遗址。炭河里遗址位于湖南宁乡县黄材镇寨子村塅溪与沩水

四羊方尊青铜

交汇的台地上，是已知南方地区最早的西周城址，该地区共出土了包括"全国十大国宝"之一的"四羊方尊"在内的2000余件文物。

炭河里遗址面积约2万平方米，不仅是南方地区已知最早的西周城址，也是我国少有的西周城址之一。其城墙构筑方法、城壕及城内布局特点、宫殿建筑类型以及城外墓葬出土的大量铜器等，都是非常难得的史料。

中华巨龙

长江文明与历史渊源

阅读链接

商代的帝王非常迷信，如10天之内会不会有灾祸，天会不会下雨，农作物是不是有好收成，打仗能不能胜利，应该对哪些鬼神进行哪些祭祀，以至于生育、疾病、做梦等事情都要进行占卜，以了解鬼神的意志和事情的吉凶。

占卜所用的材料主要是乌龟的腹甲、背甲和牛的肩胛骨。通常先在准备用来占卜的甲骨的背面挖出或钻出一些小坑，这种小坑甲骨学家称之为"钻凿"。

占卜的时候，就在这些小坑上加热使甲骨表面产生裂痕。这种裂痕叫作"兆"。甲骨文里占卜的"卜"字，就像兆的样子。从事占卜的人就根据卜兆的各种形状来判断吉凶。从殷商的甲骨文看来，当时的汉字已经发展成为能够完整记载汉语的文字体系了。

经世致用的吴越文化风采

吴国和越国的史实见诸文献，始自春秋。在《春秋》《左传》和《国语》等史书都有记载。在古代，吴和越是活动于长江以南的东南地区的原始居民，是东南地区的两个土著部族。

这两个部族实际上同属于古越族——"百越"，是"百越"的分支。吴越之地，半壁春秋，从河姆渡文化、良渚文化一路走来，历经数千年的风雨同舟，吴越文化风采依旧。

■泰伯 吴国第一代君主。商末周部落首领古公亶父，即周太王的长子。太王欲传位季历及其子昌，太伯便与仲雍同避荆楚，土著居民皆来归附，奉其为君主，称"吴太伯"，自号"句吴"。太伯三让天下和开发江南的功德深受后人敬仰，被后世奉为吴文化的鼻祖。

■苏绣古画

在我国历史上，有"江南文化始泰伯，吴歌如海源金匮"之说。

到了夏商周时期，长江文明得到了进一步的发展，吴越文化成为流域内的主要文化之一。吴越文化又称"江浙文化"，是一种分布在以太湖流域为中心，大致包括后来的苏南、江西东北的上饶地区皖南和浙江以及上海的地域文化。吴越文化就是中原的商周文化分别和吴地、越地本土文化相融合发展起来的，又可分为吴文化和越文化。

吴文化是吴地区域文化的简称，它泛指吴地自古以来所创造的物质文明和精神文明的所有成果。吴文化以先吴和吴国文化为基础，经过后世的发展，逐渐形成高峰。

吴文化是开创江南古文明的源头，吴泰伯开创的基业是我国古代历史上最长的一个诸侯国家，吴国具有740年的历史，是历史上任何一个诸侯国都不可比拟的。

吴泰伯南下，把周朝的诗歌和无锡地区的土歌结合起来，创造出新的吴歌，促使古老的所谓"荆蛮文化"和北方文化结合，而发展成为吴文化。

无锡是吴歌的发祥之地，无锡先民创作出了无数的光辉灿烂的无锡山歌、田歌、村歌、渔歌、圩歌、船歌、情歌等，这都是泰伯及其后人的丰功伟绩。

苏州地处长江三角洲，是形成的吴文化中心，在这块得天独厚的土地上，先辈以自己勤劳和智慧，创造了为世人所瞩目的文化成果。

从物质层面看，有被称为"鬼斧神工"的苏州古城，以及在其基

础上形成的水巷风貌；有令爱国诗人屈原叹服的"吴戈"，有巧夺天工的古典园林，有精美的丝绸，有名列全国四大名绣之一的"苏绣"，有古朴凝重的"香山帮"建筑，更有精细雅致的吴中工艺，等等。

从文化层面看，吴中有"百戏之祖"的昆曲，有被称为"我国最美声音"的苏州评弹，有名家辈出的吴门画派，有历史上被称为"南桃北杨"的桃花坞木刻年画等。这些光彩夺目的文化成果，既是苏州对吴文化的发展做出的历史性、代表性贡献，也是苏州对中华文化做出的卓越贡献。

除了吴文化，越文化历史和内涵同样十分丰富，其中越俗、越艺、越学又最能显示越文化的特质。

越俗是指越地民俗，是越文化中最富于区域文化特色的一个部分，其间存留着古老百越族习俗文化的传统基因。这不仅是指古越人断发文身、凿齿锥

苏州评弹 苏州评话和弹词的总称。它产生并流行于苏州及江、浙、沪一带，用苏州方言演唱。评弹的历史悠久，清乾隆时期颇为流行。最著名的艺人有王周士，他曾为乾隆皇帝亲自演唱过。嘉庆、道光年间有陈遇乾、毛菖佩、俞秀山、陆瑞廷四大名家。咸丰、同治年间又有马如飞、赵湘舟、王石泉等。

■苏州评弹壁画

■越国舞蹈雕塑

髻、踞箕而坐，乃至喜生食、善野音、重巫鬼之类原始风情，也包括流传于后世的种种越地的民情、礼俗和衣食住行等生活方式以及民间信仰。

从这些习俗信仰中，反映出越人质朴、悍勇和开拓进取的心理特征，一种带有野性成分的精神气质。正是这样的气质，使得越文化不仅与讲求礼乐文饰的中原华夏文明有显著差异，就是同邻近地区的吴文化相比，亦呈现出其自身的独特个性。

越艺，即越地生成久远而繁盛的艺术文化。越艺和越俗稍有不同，它是中原华夏文明与南方百越族文化相嫁接的产物，艺术形态上受华夏文明多方面熏染，距离百越文化原始、质朴风貌已相当遥远。

然而，越地艺术文化在骨子里仍有其独特的精神气质，崇尚自然可以说是它的一大特点，由此而体现出来的那种返璞归真的情趣，同百越文化的基因有着血缘关系。

越艺的崇尚自然，首先表现于山水文艺的发达。我国山水文学的传统离不开越地山水。山水与越地艺术结下的不解之缘，此趋势一直保持下来，充分显示了越文化的个性。

越艺崇尚自然还有一重要表现，便是抒述性灵。如果说山水代表物的自然，那么性灵则意味着人的自然，即情性的自然，而且两者之间常有着紧密的联系，所以发扬性灵也就成了越地艺术文化的传统。

性灵思潮在后世的嵇康、"竹林七贤"的交游活动中得到一定的

反响。山水、性灵之外，越艺的崇尚自然还有多种形态，都在不同程度上显现着越艺返归自然的特性。

在商朝末年，长江流域的岭南地区已进入青铜器时代。西周时期，福建地区已进入青铜时代，其文化受到吴越文化、楚文化等的渗透和影响。

西周时期，吴越文化的疆域泾渭分明。到了春秋时期，宁镇地区的吴文化面貌产生了明显的越化，而太湖地区吴文化因素也多了起来。这些变化体现在墓葬中，极为明显。这说明越文化对吴文化进行了大量渗透和同化。

西周以后，作为福建土著文化的闽文化在吴越文化的强烈影响下最终融合，形成了闽江下游的闽越文化。秦汉以后，福建文化与长江流域其他亚文化一起归入汉文化圈。回眸历史发展的漫长过程，吴文化和越文化"同俗并土，同气共俗"，逐渐在相互交融、激荡、流变与集成中形成统一的文化类型。

六朝至隋唐的晋室南渡，士族文化的阴柔特质及其对温婉、清秀、恬静的追求，改变了吴越文化的审美取向，逐步给其注入了"士族精神、书生气质"。

从南宋直至明清时期，吴越文化愈发向文弱、精致的方向生长。随着工商实业的萌芽，吴越文化除

■ 嵇康 三国时期著名思想家、音乐家和文学家。正始末年与阮籍等竹林名士共倡玄学新风，主张"越名教而任自然"、"审贵贱而通物情"，为"竹林七贤"的精神领袖。曾娶曹操曾孙女，官曹魏中散大夫，世称"嵇中散"。

■ 乾隆下江南图

康乾盛世 又称
"康雍乾盛世"，
是清王朝前期统
治下的盛世。是
我国封建社会的
回光返照，同时
也是古代封建王
朝的最后一次盛
世。起于1681年
平三藩之乱，止
于1796年，持续
时间长达115年，
是清朝统治的最
高峰。

阴柔、精细之外，又平添了消费特征和奢华之习。

到清代康乾盛世，苏州和杭州成为人们心目中的天堂，其间不论是经济、科技、教育，还是学术思想、文学艺术，都成为这一文化走向高峰并在全国领先的标志，影响一直延续下来。

吴、越两地比邻相处，其先民皆为百越族，有许多相同的文化特征。但是，吴、越两地，由于地域的不同及生产力发展不平衡，也产生了吴文化与越文化的不同魅力。

一是地域文化对吴越文化的影响。在历史发展中，吴文化主要是接受了周文化的影响。太伯、仲雍来到吴地，带来了中原地区的先进生产技术和先进文化，使吴人耳目一新。而当时的越文化，同吴文化相比，就相对保守。

二是生存环境对吴越文化的影响。吴地处在太湖流域的平原上，农业生产比较发达，水陆交通便捷，商品流通便利，社会生活相对稳定，是典型的江南鱼米之乡。

而越地临海滨江，山多平地少，俗称"七山二水一分田"，虽有林、牧、渔、副多种经营，但与吴地相比，生活空间就相对狭隘和闭塞。

由于地理环境的差异，吴文化的内涵就多一些典雅、精巧和柔美，越文化就多一些通俗、朴野和阳刚。吴人虽精明，却安于守成；越人虽朴野，却敢于冒险。这些，无疑对吴越经济的不同模式，都会产生深远的影响。

三是相互争霸对吴越文化的影响。吴、越两国以及周围列国为争霸一方，相互为敌，战事不断，在这漫长的战乱和争斗中，吴越文化与长江中游的荆楚文化、长江上游的巴蜀文化、黄河流域的华夏文化既交相辉映，相互渗透、多元交融，又相互转化、变换、释放各自的文化能量。作为意识形态的文化力，又影响和作用于政治、经济和社会的变革和发展。

阅读链接

孔子称泰伯为"至德"，司马迁在《史记》里也把他列为"世家"第一。

相传，泰伯和仲雍二人是亲兄弟，本来泰伯兄弟在古公亶父去世后应该依次继承王位。但是他们看到父亲特别喜欢第三子季历的儿子姬昌，便决定主动把继承权让给季历，然后由季历传给姬昌。后来，古公亶父等人接二连三地要他们继承王位，他们都坚辞不受。

为了断绝别人拥立他们的念头，泰伯和仲雍便出逃到东吴荆蛮地区，断发文身，遵行当地落后民族的习惯。周部族的人们见他俩意志坚决，便拥立季历和姬昌，这便是历史上著名的"泰伯让王"的故事。

影响巨大辉煌灿烂的楚文化

在"长江文化"体系中，除了吴越文化，楚文化也是一枝独秀，成为长江文化的重要组成部分。楚文化是由春秋战国时期的楚人创造，在长江中游异军突起的地域性文化，也可以说是我国进入信史时代后，第一支影响巨大的南方文化。

■ 荆楚文化建筑

楚文化是古代诸侯国楚国物质文化和精神文化的总称，楚国先民吸收了华夏先民所创造的先进文化因素，并以中原商周文明，特别是姬周文明为基础向前发展。湖北、河南西南部为早期楚文化中心地区，其他各部地区均受其影响深远。

楚原本是一支势力不大的民族，立国虽早，但兴盛较晚，所以形成自己独有文化的时间不早于春秋早期，下限稍延及西汉前期。

楚文化的范围，有一个发展变化

■屈原

的过程。本来楚国、楚人都不难界定，但随着时代的推移，楚国疆域时有变迁。从文化覆盖面而言，楚文化不仅是楚地、楚国和楚族文化的统称，而且泛指所有在楚疆域或楚势力范围内，受楚人影响的地方文化。

文献记载，楚人信巫好鬼的习俗、神秘诡异的艺术、奇幻瑰丽的楚辞文学和自然无为的道家精神，这些都是楚文化的特色，也是楚人吸收南方各族精华的结果。

楚辞，是战国时代的伟大诗人屈原创造的一种诗体。作品运用楚地的文学样式、方言声韵，叙写楚地的山川人物、历史风情，具有浓厚的地方特色。

由于地理、语言环境的差异，楚国一带自古就有它独特的地方音乐，古称"南风""南音"；也有它独特的土风歌谣，如《说苑》中记载的《楚人歌》《越人歌》《沧浪歌》。

更重要的是楚国有悠久的历史，楚地巫风盛行，楚人以歌舞娱

■ 天问图屈原

中华巨龙

长江文明与历史渊源

楚辞 汉代时，刘向把屈原的作品及宋玉等人"承袭屈赋"的作品编辑成集，名为《楚辞》。并成为继《诗经》以后，对我国文学具有深远影响的一部诗歌总集。并且是我国汉族文学史上第一部浪漫主义诗歌总集。

离骚 是战国时期著名诗人屈原的代表作，是我国古代诗歌史上最长的一首浪漫主义的政治抒情诗。表现了诗人坚持"美政"理想，抨击黑暗现实，不与邪恶势力同流合污的斗争精神和至死不渝的爱国热情。

神，使神话大量保存，诗歌音乐迅速发展，使楚地民歌中充满了原始的宗教气氛。

所有这些影响使得楚辞具有楚国特有的音调音韵，同时具有深厚的浪漫主义色彩和浓厚的巫文化色彩。可以说，楚辞的产生是和楚国地方民歌以及楚地文化传统的熏陶分不开的。

春秋战国以后，一向被称为"荆蛮"的楚国日益强大。它在问鼎中原、争霸诸侯的过程中与北方各国频繁接触，促进了南北文化的广泛交流，楚国也受到北方中原文化的深刻影响。正是这种南北文化的汇合，孕育了屈原这样伟大的诗人和《楚辞》这样异彩纷呈的伟大诗篇。

《楚辞》在我国诗歌史上占有重要的地位。它的出现打破了《诗经》以后两三个世纪的沉寂，而在诗坛上大放异彩。

后人也因此将《诗经》与《楚辞》并称为"风骚"。风指十五国风，代表《诗经》，充满着现实主义精神；骚指《离骚》，代表《楚辞》，充满着浪漫主义气息。"风"、"骚"成为我国古典诗歌现实主义

和浪漫主义创作的两大流派。

从考古材料上看，楚文化是中原文化的一支，并与南方江汉地区苗、越、濮及巴蜀等土著文化融合，吸收了南方土著文化与北方中原文化的元素，形成有本土基础而又开放多元的混合型文化。

"楚"最早只是一个族名，后来发展成为国名。楚人自称远祖是黄帝之孙颛顼，即高阳氏。周代立国后，楚臣服于周，受五等爵中的第四等子爵，封在丹阳。这是楚国封土建国的开始。

楚人早期生活环境恶劣，国力弱小。在周王室势力衰落的春秋时期，楚国以江汉地区为中心迅速扩张，不断消灭江汉地区及长江中下游的诸侯国。到了春秋中晚期，楚国已发展到湘江流域以及长江中下游，成为春秋五霸之一。

战国时代，楚国是七雄之中的大国，已基本统一南方的江汉、江淮地区，囊括今湖北、湖南、安徽、江西、浙江的全部，北方至陕西、河南、山东，南方到广东、广西、贵州的一部分。融合了南蛮、东夷、华夏各族，成为当时疆域最大、民族众多的国家。公元前223年，楚被秦所灭。至此，楚国有记载的历史已超过800年。

■西周兽面蕉叶纹簋

■ 楚大鼎雕塑

东夷 古代中原人们对东方民族的泛称，非特定的一个民族，所指代的概念随着中原王朝疆域的变化而屡屡变化。夷又有"诸夷""四夷""东夷""西夷""南夷""九夷"等称。随着东夷与华夏的融合，汉代之后，东夷变成对日本等东方国家的泛称。

楚国是个注重礼仪的国家，楚人的礼乐制度，沿袭商周的传统，用饮食器和乐器的种类、数量、品质与组合关系，表现社会各阶层的身份。

周人的礼器是以鼎为中心，用鼎的数量和器物的组合关系来表示身份。如诸侯用九鼎八簋、上大夫用七鼎、下大夫用五鼎、士用三鼎等。

在古代，饮食器具与鼎礼制是一切行为的规范，礼的内容有很多，成丁、婚丧、祭祀等均体现礼的存在。而最具体的礼制表现，就是礼乐场面的饮食器。

所谓"民以食为天"，饮食行为也成为表现礼的一种仪式，食物来源、种类、数量、烹饪方式和饮食器皿的排列组合和纹饰，都成为人们关心的内容。

楚人用鼎基本遵从上述规则。无论春秋中晚期至战国晚期的王墓和大夫墓，都完全按照周人规定的铜

鼎、铜簋数目。在器物组合关系上，直到春秋初期，楚人还完全按照周人铜鼎和铜簋的组合，器物风格也和中原一致。

到了战国时期，楚人礼器的组合，基本上由盛牲器、食器、酒器、盥洗器共同构成，和中原稍有区别的只是在食器的演变序列上，中原是按照"簋—豆—敦"演变，楚人则按"簋—敦—盒"演变。

豆是盛肉和调味品的器皿，簋和簠则是盛饭器皿。此外，楚人对盥洗器也格外重视。楚人饮食优裕的状态下，礼器组合上用盛饭的簠代替了中原的簋。而盛酒的壶从来没有从器物组合中消失，组合稳定不变，而且酒器的制作更是精美，形制多样。

长江，数千年来以自己甘美的乳汁孕育了无数杰出的英才，陶冶了许许多多各领风骚的文坛巨匠，在我国文学发展史上占尽了风流。

春秋时期的庄周和屈原，就是荆楚文化的肥沃土壤培育出来的。庄周的《庄子》和屈原的《离骚》合称"庄骚"，开创了南方文化浪漫主义的先河，对后世产生了深远的影响。东晋的陶渊明、唐代的李白等，也都是长江丰厚的文化底蕴造就出来的伟大诗人。

庄子的名篇有《逍遥游》《齐物论》等。庄子的想象力很强，文笔变化多端，其作品具有浓厚的浪漫主义色彩，并采用寓言故事形式，富有幽默讽刺的意味，其超常的想象和变幻莫测的寓言故事，构成了庄子特有的奇特的想象世界，"意出尘外，怪生笔端"。

秭归是春秋战国时期南方大国楚国的发祥地之一，也是楚国诗人屈

战国三鸟簋

庄子 名周，道教祖师，号南华真人，为道教四大真人之一，战国时期著名的思想家、哲学家和文学家，道家学说的主要创始人之一。庄子是老子思想的继承和发展者，后世将他与老子并称为"老庄"。他们的哲学思想体系，被尊为"老庄哲学"。代表作品有《庄子》

■《庄子》竹简

原的故乡。屈原"信而见疑，忠而被谤"，在自己被放逐的情况下还"长太息以掩涕兮，哀民生之多艰"。传说"端午节"就是为了纪念这位伟大诗人的。后世为了纪念屈原，专门建立屈原祠。

楚民族是长江浪漫主义的代表。有关资料记载：

> 大抵北方之地，土厚水深，民生其间，多尚实际。南方之地，水势浩洋，民生其际，多尚虚无。

古时候楚地笼罩着一种神秘浪漫主义的文化氛围，所以它孕育了一代浪漫主义大师级诗人屈原，甚至连哲学这么枯燥的学问，也由老子和庄子这样化腐朽为神奇的宗师调弄得活泼、轻灵、自由，富有生机。连高高在上的君王，也产生出许多绮丽绯闻，如楚襄王的高唐云雨巫山，令后人传扬不已。

楚民族的浪漫，无论何时何地都能充分地体现。甚至连"钱"这一庸俗且单调的阿睹物，楚民族也可将它艺术化丰富化，制造出神秘莫测的"鬼脸钱"。

春秋中期至战国末年，楚国大量通行蚁鼻钱。蚁鼻钱是楚

国铸行最广的货币，蚁鼻喻小，意即小钱。

■楚国"鬼脸钱"

其形上部稍圆，下部稍尖，如背面磨平的贝壳，这种钱几乎没有相同的，绝不单调，又形似鬼脸，富有动感，可谓是千姿百态。这种特点还体现在货币形式的多样性，楚国除了蚁鼻钱外，同时还铸行黄金和白银称量货币，因而楚国也是战国时期唯一以黄金为流通货币的国家。

阅读链接

楚人给后人留下了很多典故传说。据说在春秋时代，有个叫伯牙的人，琴艺高超。

一夜，伯牙乘船游览弹起琴来。他忽听岸上有人叫绝，见是一个樵夫，便请樵夫上船。这个樵夫就是钟子期。

伯牙认定钟子期就是他的知音，与其结为兄弟，二人相约来年仲秋在此地相会。

第二年仲秋，伯牙如期而至，子期却已离世。伯牙在子期的坟前抚琴而哭，弹了一曲《高山流水》。曲终，以刀断弦。并仰天而叹："知己不在，我鼓琴为谁？"说毕，琴击祭台，琴破弦绝。

跨越千年的繁华之地秦淮河

　　时光流转，时代在不断更替，有些历史却给后人留下了跨越千年的美丽，秦淮河便是其中最耀眼的华章。

　　"十里秦淮"，两岸贵族世家聚居，文人墨客荟萃。昔日秦淮河一带曾烟火繁华，商贾云集，文人荟萃，历代都用"风华烟月之区，

■秦淮河风光

■秦淮灯船歌

金粉荟萃之所"来形容。

秦淮河古名"淮水",是长江下游右岸的一条支流,位于江苏西南部,全长110千米。据说秦始皇时凿通方山引淮水,横贯城中,故名"秦淮河"。

秦淮河又名"龙藏浦",相传当初秦始皇东巡至金陵,有方士说金陵乃王气之城,秦始皇为了江山永续,命人挖河断龙脉,因而有了"秦淮河"。

秦淮河早在远古时代就是长江的一条支流,也是我国南京地区的第一大河。秦淮河有两个水源头,北源在句容市宝华山南麓,称"句容河"。南源在溧水的东庐山,称"溧水河"。

南、北二源合流于江宁的方山埭。这一带河床宽广,水量剧增,形成干流,可通舟楫。然后河水绕过方山,向西北流经洋桥、青砂嘴,沿途汇集吉山、牛首山诸水,再北经刘家渡、竹山和东山,至上方门进入南京市区。

秦始皇(前259—前210),嬴政,出生于赵国邯郸。他是我国历史上著名的政治家、战略家和改革家,他建造了首个多民族的中央集权国家,是古今中外第一个称皇帝的封建王朝君主。秦始皇把我国推向了大一统时代,奠定我国2000余年政治制度基本格局,被明代思想家李贽誉为"千古一帝"。

秦淮河大部分在南京市境内，是南京最大的地区性河流，被视为南京的"母亲河"。

秦淮河分为内河和外河，内河在南京城中，是秦淮最繁华之地，被称为"十里秦淮"。这里素为"六朝烟月之区，金粉荟萃之所"，更兼十代繁华之地，被称为"中国第一历史文化名河"。

历史上关于秦淮河的传说和记载有很多，在南北朝末期顾野王所编的《舆地志》中有如下记载：

> 秦始皇时，望气者云"江东有天子气"，乃东游以厌之。又凿金陵以断其气。今方山石硊，是其所断之处。

在石器时代，秦淮河流域就有人类流动。沿河发

■秦淮河风光

顾野王

（519—？），字希冯，南朝人。自幼好学，以笃学至性知名，12岁时随父到建安。他是我国古代著名的文字训诂学家、历史学家、地理学家、文学家、诗人、书画家和音乐家。顾野王舍家建寺，后传为美谈。顾野王一生最大成就就是受梁武帝之托编撰字书。

中华巨龙

长江文明与历史渊源

现原始村落遗址五六十个，著名的有湖熟文化遗址和窨子山遗址等。

六朝时期，秦淮河河身宽阔，自石头城东至运渎，设有24座浮航，平时浮航通行，战时断舟撤航。

秦淮河两岸有大小集市100多处，东吴以来一直是繁华的商业区和居民区。历代有许多达官贵人住在秦淮河畔，如东晋时的主要谋臣王导和谢安等。

尽管隋唐以后，秦淮河畔渐趋衰败，但是，仍有许多文人墨客在这里凭吊吟叹。其中，最有代表性的诗作是唐代诗人刘禹锡游金陵时，看着以前非常显赫而后来又成为废墟的王谢宅第，即兴感怀而作的《乌衣巷》：

■秦淮河画舫

朱雀桥边野草花，乌衣巷口夕阳斜。
旧时王谢堂前燕，飞入寻常百姓家。

秦淮河两岸建有不少佛寺，建初寺位于南京城外之中华门外，是孙吴时期江东第一个寺庙，也是江南最早建立之寺院。又称"聚宝山""大报恩寺"。247年，康僧会至吴都南京弘扬佛教时，吴王孙权信

孙权（182—252），吴太祖，字仲谋。三国时代东吴的建立者。父亲孙坚和兄长孙策，在东汉末年群雄割据中打下了江东基业。孙权19岁时，兄长孙策遭刺杀身亡，孙权继而掌事，成为一方诸侯。

服其教法而创建本寺，建阿育王塔，据传系阿育王八万四千塔中之一。

此地亦称"佛陀里"。由此因缘，江南佛教遂兴。康僧会曾于此编译六度集经等经，并注安般守意、法镜、道树三经。吴王孙皓时，仅存本寺，号天子寺。

西晋永嘉年间，西域僧帛尸黎蜜多罗曾于本寺译出孔雀王经等密教经典。后历经宋、齐、梁、陈等南朝诸国，随朝代之更迭，亦几经更名为"长庆寺""奉先寺""天禧寺""大报恩寺"等，直至明代皆为江南佛教中心道场之一。

东晋孝武帝初年，支昙籥奉敕住此，制六言梵呗。梁代僧佑幼时就本寺僧范出家，并住此弘扬律学。492年，明彻就僧佑受诵律，亦住此寺弘诸大乘经论。

此外，竺慧达、竺法旷，及禅宗法眼宗匡逸、玄则、法安等高僧皆曾住此弘法。明成祖曾赐一磁制塔，塔有八角八棱九层，五彩灿烂，炫人眼目。

东晋时期始建的瓦官寺是一座极负盛名的千年古刹。寺址原为官

■凤凰台美景

■ 秦淮夫子庙

府管理陶业机构的所在地，故名"瓦官寺"。该寺已经1000多年的历史。古刹瓦官寺是除建初寺以外南京最古老的寺庙，晋代著名雕塑家戴逵父子也为古刹铸造过五尊铜像。

古刹因顾恺之画《维摩诘居士像》而成名，又因异鸟飞临此处，才有了后来的凤凰台。

凤凰台是一处亭台，位于今南京城内西南隅凤游寺一带。关于凤凰台还有一个传说。

相传，在439年，也就是南朝刘宋文帝元嘉十六年，有三只状似孔雀的大鸟——百鸟之王凤凰，飞落在永昌里李树上，招来了大群各种鸟类随其比翼飞翔，呈现出百鸟朝凤的盛世景象。

为了庆贺和纪念这一美事，人们将百鸟翔集的永昌里改名"凤凰里"，并在保宁寺后的山上筑台，名为"凤凰台"。

后来，唐代著名的大诗人李白就曾登游此台，看

李白（701—762），字太白，号青莲居士，唐代诗人。李白与杜甫合称"李杜"，有"诗仙"、"诗侠"、"酒仙"和"谪仙人"等称呼，是我国历史上最杰出的浪漫主义诗人。其作品天马行空，浪漫奔放，意境奇异，才华横溢；诗句如行云流水，宛若天成。

到凤凰台的美景不禁作诗，并赋《登金陵凤凰台》道：

> 凤凰台上凤凰游，凤去台空江自流。
>
> 吴宫花草埋幽径，晋代衣冠成古丘。
>
> 三山半落青天外，二水中分白鹭洲。
>
> 总为浮云能蔽日，长安不见使人愁。

到了明清时代，秦淮河畔更是人烟稠密，金粉楼台，十分繁华。秦淮河畔的夫子庙、贡院成了朝廷挑选人才的地方。

秦淮河是桨声灯影里的秦淮河，也是金陵烟雨中的秦淮河。秦淮八艳、乌衣巷、王谢故居等都伫立于秦淮河畔，流连于六朝烟雨中。秦淮河在几经冷落、再度繁华中，成为商贾云集、画舫凌波的江南佳地。历代文人墨客对秦淮河也都怀有别样的情怀。

"衣冠文物，盛于江南；文采风流，甲于海内。"古往今来，星移斗转，在这"江南锦绣之邦，金陵风雅之薮"，在"十里珠帘"的秦淮风光带上，点缀着数不尽的名胜佳景，汇集着说不完的逸闻掌故。在这十里秦淮，不知涌现了多少可歌可泣的人物，又留下了多少可记可述的史迹。

阅读链接

秦淮风光，以灯船最为著名。河上之船一律彩灯悬挂，游秦淮河之人，以必乘灯船为快。我国著名散文家朱自清有一名篇《桨声灯影里的秦淮河》，在这里，我们可以领略秦淮河畔的灯船丰采。后世经过修复的秦淮河风光带，以夫子庙为中心，秦淮河为纽带，包括瞻园、夫子庙、白鹭洲、中华门，以及从桃叶渡至镇淮桥一带的秦淮水上游船和沿河楼阁景观，可谓集古迹、园林、画舫、市街、楼阁和民俗民风于一体，极富感情和魅力。

绵绵江水福荫华夏千秋万代

百万年以来，伟大的母亲河长江奔流不息，养育了一代又一代的长江儿女，她以滔滔不绝之势哺育着华夏大地。

长江因其资源丰富，支流和湖泊众多，形成了我国承东启西的重要经济纽带。长江流域气候温和，雨量充沛，物产丰富，中华鲟和白鳍豚驰名中外。

长江流域分布许多珍稀濒危物种，大多早在新生代第三纪前后就

■长江图

■《长江积雪图》

中华巨龙

长江文明与历史渊源

银杉 为我国特产的稀有树种，国家一级保护植物。银杉是松科的常绿乔木，主干高大通直，挺拔秀丽，枝叶茂密。银杉雌雄同株，雄球花通常单生于2年生枝叶腋；雌球花单生于当年生枝叶腋。球果2年成熟，呈卵圆形。

河神 即常说的河伯。河神常指黄河水神，是我国古代最有影响的河流神。殷王朝建立以后，对河神的祭祀极为重视，建立河神庙，春秋战国时地方性的河流崇拜也十分活跃。

繁盛起来，其中水杉、银杉和珙桐早已成为地球上的珍稀物种。

滚滚长江水，以永不枯竭的动力召示历史，演绎传奇。长江人所体现的"求真求实、敢为人先、以人为本、为民服务、推陈出新、与时俱进"的精神指引着一代又一代的中华儿女一往无前，继往开来。

古时候，有人崇拜河神，认为是河神主宰着水里的一切。但是，早在公元前256年的秦昭襄王时期，祖先就打破了盲目崇拜，依据长江独特的地形地貌，建设了举世闻名的都江堰，使长江真正成为了两岸人民的福祉，为两岸百姓的生产生活造福。

长江从青藏高原各拉丹冬雪山历经6380千米的长途跋涉最终汇入东海，行走的足迹横贯全国，每时每刻都奔涌向前，实现着与世界的交融。

长江的水哺育了她的儿女，她勇往直前精神也感染了一代又一代的华夏儿女，并被儿女们所继承，正是这种精神激励着中华儿女创造了一个又一个奇迹。